卡內基

經典新版

影響力的本質

戴爾・卡內基／著

〔名人推薦〕

除了自由女神，卡內基或許就是美國的象徵。

——美國《時代周刊》

在出版史上，沒有任何一本書能像卡內基那樣持久地深入人心，也唯有卡內基的書，才能在他辭世半個世紀後，還占據著我們的排行榜。

——《紐約時報》

與我們應取得的成就相比，我們只不過是半醒著，我們只利用了身心資源的一部分。卡內基因為幫助職業人士開發他們蘊藏著的潛能，在成人教育中掀起了一種風靡全球的運動。

——威廉·詹姆斯（哈佛大學著名心理學教授）

由卡內基開創並倡導的個人成功學，已經成為這個時代有志青年邁向成功的階梯，通過它的傳播和教導，無數人明白了積極生活的意義，並由此改變了他們的命運。卡內基留給我們的不僅僅是幾本書和一所學校，其實真正價值是：他把個人成功的技巧傳授給了每一個想成功的年輕人。

——甘迺迪總統（一九六三年在卡內基逝世紀念會上的演講）

你真想將自己的生活改變的更好嗎？如果是，那麼本書可能是你們遇到的最好的書之一。

閱讀它，再閱讀它，然後開始行動。

——奧格·曼丁諾《世界上最偉大的推銷員》作者

《讀者文摘》推介：

本書對你有什麼影響？

1. 改變你陳舊的觀念，給你新的一頁，讓你耳目一新！
2. 使你交友迅速，廣受歡迎，易得知己。
3. 幫助你不畏困難，建立積極的人生觀。
4. 幫助你使人贊同你，喜歡你。
5. 增加你的聲望，和你成功事業的能力。
6. 使你獲得新的機會。
7. 增加你賺錢的能力。
8. 幫助你成為一個更好的推銷員或高級職員。
9. 幫助你應付抱怨，避免責難，使你與人相親相愛。
10. 使你成為一個更好的演說家，一個健談者。
11. 使你每日生活中，易於應付這些心理學上的原則。
12. 使得有你在的場合，便可激起人生的熱忱。

作者簡介

戴爾・卡內基，被譽爲二十世紀人類最偉大的人生導師，也是成功學大師。

卡內基於一八八八年十一月廿四日出生在美國密蘇里州的一個貧苦農民家庭，是一個樸實的農家子弟，他的童年和其他美國中西部農村的男孩子並沒有什麼不同，他幫父母幹雜事、擠牛奶，即使貧窮也不以爲意。這或許是因爲他根本不覺得自己家裡很貧窮。

在那個沒有農業機械的年代，他和父親同樣做著那些繁重的體力活，而一年的辛勞卻可能因爲一場水災而付諸東流，或者被驕陽曬枯了，或者餵了蝗蟲。

卡內基眼見父親因爲這些永無終止的操勞而備受折磨，發誓絕不拿自己的一生來和天氣賭每年收成到底是如何！

如果說卡內基的童年和其他農村男孩子有什麼不同的話，那主要是受到他母親的強烈影響。她是一名虔誠的教徒，在嫁給卡內基的父親之前曾當過教員。她鼓勵卡內基接受教育，她的夢想是讓兒子將來當一名傳教士或教師。

一九〇四年，卡內基高中畢業後就讀於密蘇里州華倫斯堡州立師範學院。他雖然得到全額獎學金，但由於家境的貧困，他還必須參加各種工作，以賺取必要的生活費用。這使他感到羞恥，養成了一種自卑的心理。因而，他想尋求出人頭地的捷徑。

在學校裡，具有特殊影響和名望的人，一類是棒球球員，一類是那些辯論和演講獲勝的人。他知道自己沒有運動員的才華，就決心在演講比賽上獲勝。他花了幾個月的時間練習演講，但一次又一次地失敗了。失敗帶給他的失望和灰心，甚至使他想到自殺。然而在第二年裡，他開始獲勝了。

當時，他的目標是得到學位和教員資格證書，好在家鄉的學校教書。但是，卡內基畢業後並沒有去教書。他前往國際函授學校總部所在地丹佛市，爲該校做推銷員，薪水是一天兩美元，這筆收入可以支付他的房租和膳食，此外還有推銷的佣金。

儘管卡內基盡了最大的努力，但是並不太成功，於是又改而推銷肉類產品。爲了這份工作，他一路上免費爲一個牧場主人的馬匹餵水、餵食，搭這人的便車來到了奧馬哈市，當上了推銷員，週薪爲十七點三一美元，比他父親一年的收入還要高。

雖然卡內基的推銷幹得很成功，成績由他那個區域內的第廿五名躍升爲第一名，但他拒絕升任經理，而是帶著積攢下來的錢來到紐約，當了一名演員。

作爲演員，卡內基唯一的演出是在話劇《馬戲團的包莉》中擔任一個角色。在這次話劇旅行演出一年之後，卡內基斷定自己走戲劇這行沒有前途，於是他又改回推銷的老本行，爲一家汽車公司推銷汽車和卡車。

但做推銷員並不是卡內基的理想。在他從事汽車推銷時，他對自己的能力很懷疑。

有一天，一位老者想買車，卡內基又背誦了那套「車經」。老者淡淡地說：「無所謂，我還走得動，開車只不過是嘗新罷了，因爲我年輕時曾夢想成爲汽車設計師，那時還沒有汽車呢。」

老者的一番話，吸引了卡內基。他詳細地和老者聊起自己在公司的情況，後來他們的談話又轉到了人生的話題。卡內基講述了自己最近的煩惱：「那天凌晨，對看一盞孤燈，我對自己說：『我在做什麼，我的夢想是什麼，如果我想要成爲作家，那爲什麼不從事寫作呢？』您認爲我的看法對嗎？」

「好孩子，非常棒！」老者的臉上露出輕鬆的笑容，繼而說：「你爲什麼要爲一個你不關心又不能付你高薪的公司賣命呢？你不是想賺大錢嗎？寫作，在今天也是個不錯的選擇呀！」

「不，老先生，放棄工作是不可能的，除非我有別的事可做。但是我能做什麼呢？我有什麼能力能讓自己滿意地賺錢和生活呢？」卡內基問。

老者說：「你的職業應該是能使你感興趣並發揮才能的，既然寫作很適合你，爲什麼不試一試？」

這一句話讓卡內基茅塞頓開。那份埋藏在胸中奔湧已久的寫作激情，被老者的幾句話給激發了。於是，從那天起，卡內基決定換一種生活。他要當一位受人尊敬、受人愛戴的偉大作家。

一個偶然的機會，卡內基發現自己所在城市的青年會（ＹＭＣＡ）在招聘一名講授商務技巧的夜大老師，於是他前去應聘，並且被錄用了。

卡內基的公開演說課程，不僅包括了演說的歷史，還有演說的原理知識。除此之外，他還發明了一種獨特而非常有效的教學方式。

當他第一次爲學員上課時，就直接點名讓學員談他們自己，向大家講述他們日常生活中發生的事。當一個學員說完以後，另一個學員接著站起來說，然後再讓其他學員站起來說。這樣，直到班上每一個學員都發表過簡短的談話。

卡內基後來說：「在不知道究竟該怎麼辦的情況下，我誤打誤撞，找到了幫助學員克服恐懼的最佳方法。」

從此以後，卡內基這種鼓勵所有學員共同參與的教學方法，成爲激發學員興趣和確保學員出席的最有效方法。雖然這種方法在當時尚無先例，也沒有什麼方法可以評定他這套方法的效果，但它確實奏效了，並且在全世界教出了許多更會說話且更有信心的人。

這一哲理的成功，可以從成千上萬名畢業學員寫來的信中得到證明。寫這些信的學員有工廠工人、家庭主婦、政界人士、公司負責人、教師及傳教士，他們的職業遍及了各行各業。

卡內基於一九五五年十一月一日去世，只差幾個星期便六十七歲。追悼會在森林山舉行，被葬在密蘇里州他父母親墓地的附近。

一九五五年十一月三日，華盛頓一家報紙刊載了下面這段文字——

「那些憤世嫉俗的人過去常常揣測，如果每個人都接受並且遵照卡內基的話語去做，那將會成什麼局面？卡內基先生在星期二去世了，他從來不屑於這些世故者的風涼話。他知道自己所做的事，而且做得極好。他在自己的書中和課程上，努力教導一般人克服無能的感覺，學會如何講話、如何為人處世。

「千百萬人受到他的影響，他的這些哲理如文明一樣古老，如『十誡』一般簡明，對於人們在這個狂亂的年代裡獲得快樂和成就極有幫助。」

卡內基
Dale Carnegie

目錄
Contents

第三部　發揮你的影響力

——改變對方的九個秘訣

卡內基 Dale Carnegie

目錄
Contents

前言
影響自己也影響別人的力量

如果仔細觀察那些知名的成功人士，便會發現他們都有一個共同點，那就是他們都具有十分強大的影響力，包括其人格特質、個人魅力、說話的方式與態度等等，在舉手投足間就能吸引別人的注意，並且讓人認爲足以信賴，試想：爲何如此呢？是他們的學歷比較高？還是他們的財富使他們看起來比較順眼？

有時候我們也會發現一個有趣的現象，明明是同樣一句話，經由不同的人說出來，效果卻是差了十萬八千里。有的人說話如舌粲蓮花，妙語如珠，因而十分受人歡迎，人們都愛與之交談，甚至對他掏心剖腹；相反，也有的人說話只顧自吹自擂，絲毫不管他人感受，自然只會得到無數白眼，人人避之唯恐不及。

細究人際關係會受到挫折，通常就是因爲不懂得把握與人交往的分寸，而《卡內基影響力的本質》一書，正是在教導我們如何從說話的語氣到態度，由內而外徹底檢視自己的缺失。裡面列舉了「打造人氣王——受人歡迎的六個原則」、「說話的藝術——打動人心的十二個技巧」和「發揮你的影響力——改變對方的九個秘訣」，透過實際案例的佐證，讓人們對卡內基更加深信不疑。

《卡內基影響力的本質》自出版以來，在全世界一百多個國家共銷售出上億冊。卡內基運用他對人性的了解以及心理學及社會學的知識，分析出一套幫助人們如何在人際關係方面更圓融更有效率的方法，熟讀善用他的法則，不但可以改善過往我們給人不夠可親的印象，更可以幫助我們在處理各種事務時如虎添翼，輕鬆達陣。

人際關係猶如一本沒有教科書的學問，卻又是人人必修的一門功課。人際關係即代表了你的成功機率，《卡內基影響力的本質》早已被西方世界視爲社交技巧的聖經之一，至今影響超過半世紀。不論時代再進步，科技再發達，人與人的交往、溝通仍然有一定的法則與技巧，只要把握卡內基教導我們的方法，你的人脈也定會使你成爲「人生勝利組」。

「第一部　打造人氣王
——受人歡迎的六個原則」

1 單純的給予對方關心

爲什麼要讀這本書，是爲了尋求如何獲得朋友的方法。那麼，何不去向世上最諳交友之道的人士學習？他是誰？說不定明天你上街就可以碰到他。當你走近他時，他便開始搖動尾巴。你若是停下來撫摸他，他便要高興得跳起來和你表示無比的親熱。而你知道他那熱情的背後絕無別的動機，他不是要賣給你一塊地皮，更不是爲了要和你結婚。你曾否想過狗是唯一不需爲生活而工作的動物？母雞須下蛋，乳牛須給奶；金絲雀也須有好歌喉，而狗的存在，只是爲了要把純潔的愛奉獻給你。

我五歲的時候，父親以五毛錢買來一隻黃色小狗。那隻小狗的存在，對當時的我而言，是無可取代的歡欣。每天下午一到四點半左右，小狗一定會坐在前院，用漂亮的眼睛一直盯著田間小路，而當牠聽到我的聲音或看到我捧著飯盒穿過矮林時，就會箭一般地飛奔上小山坡迎接我，狂喜得又叫又跳。

之後的五年間，小狗提比一直是我唯一的好夥伴。但是，某個晚上，在離我不到十呎之處，提比遭到雷殛而死。牠的死，在我幼小心靈中烙下終生難忘的悲傷。

提比並未讀過心理學的書籍，而且也無此必要。

與其想刻意的引起對方的關心，倒不如單純的給予對方關心。若爲真正了解別人而努力，只要花費短短的兩個小時，即可獲得無數的友誼。如此，比起爲了使別人了解自己，而費了兩年時間苦鬥奮戰才獲得的友誼，還要超出許多。

換言之，獲得友誼的最佳途徑是——先做對方的朋友。

儘管如此，仍有人終生犯錯，一味設法使別人對他們發生興趣。他們不了解，別人同自己一樣只關心一己的興趣——日日月月、歲歲年年。

紐約電話公司對於什麼樣的話最常被使用，做了詳細的研究。果然不出所料，被使用最多的是「我」字。五百通電話中被使用了三千九百九十次——「我」、「我」、「我」……喔，我我我我我……

當你在看一張有你在其中的團體照時，你首先找的是誰的臉孔呢？

認爲自己被他人關心的人，請回答以下的問題：

「如果，你在今晚去世，會有多少人來參加葬禮？」

如果你不先關心對方的話，你憑什麼要對方先來關心你呢？

只想令人佩服而引起其關心，絕對無法交到許多真正的朋友。真正的朋友不能以那種做法而獲得。

拿破崙這樣試過了。當他和妻子約瑟芬分別前，如此說：「約瑟芬，我是世界上最幸運的人。但是現在我能真正信任的只有妳一個人了！」

歷史學家說，對他來說，連那位約瑟芬是不是能信賴，還是很大的疑問！

維也納的名心理學家阿德諾，在其著作《人生之意義》裡說：「不關心他人之人，一定會步上苦難的人生，對於他人也會造成傷害。人類所有得失都是由那些人而產生的。」

心理學書籍固然很多，卻難以碰到如此意味深長的話，這些話值得再三玩味。

我曾在紐約大學聽過短篇小說技巧的課，當時的講師是《可利耶茲》雜誌的總編。他說：「從堆積在桌上的許多稿子中，隨意抽出一篇來看，只要看過二、三節，就能馬上知道那位作著是否喜愛人們。」

「如果」作者不喜歡人，那麼世上的人也不會喜歡那個人的作品。

這位資深的總編在講課中，曾經兩次中斷本題，說道：「恐怕要說教了，但是現在我卻想講一句本是牧師該講的話——如果各位想當成功的小說家，心中千萬記住，關心他人是必要的。」

如果真是這樣的話，那麼在面對他人的時候，豈不是要加倍去關心對方！

薩斯頓是有名的魔術家，我曾在後臺訪問他。

他是世所公認的魔術師之王，四十年來在世界各地巡迴表演，讓人產生幻覺、感到驚喜、令人屏息的魔術大師。六千萬以上的觀眾爲他掏腰包買門票入場。他得到了兩百萬美元的龐大收入。

我向他請教成功的秘訣。很明顯的，學校教育與他的成功沒有任何關係，因爲他少年時就離開家，變成搭貨車、睡乾草、沿街乞討的流浪者。他經常從車門裡望著沿路的廣告招牌來學習識字。

他有高人一等的魔術知識嗎？他說有關魔術的書汗牛充棟，和他一樣了解魔術的人也大有人在，但是，他有他人所無法模倣的兩樣東西：

1. 吸引觀眾的人格特質。

他是藝人中第一個識得人情之微妙的人。身體動作、說話、臉上表情等等、以至任何細微之處，都事先投下了很大的功夫去預先演練，以求一秒不差的精準。

2. 是他對於人類有真誠的關心。

據他說，大部分的魔術師站到舞台面對觀眾，似乎就會在心裡偷笑：

「哦！來看的人都是愚蠢的，要騙這些人實在太簡單了！」

但是薩斯頓完全不一樣，他站在舞台時總是這麼想：「感謝來觀賞的觀眾們，托你們的福，才使我能過得無憂無慮，請觀賞我最盡心的表演吧！」

薩斯頓站在舞台時，必定在心中不斷高呼：「我愛你們！」

讀者也許認爲這很愚蠢或很滑稽，但隨你怎麼想都沒關係，我只是將世界第一的魔術師所用的秘方如實的公開而已。

賓西法尼亞州北威廉鎮的喬治．戴克，由於當地完成了新的高速公路，經營了獻出自己的真心三十年的加油站就要撤離，他便趁此機會賦閒下來。但是每天都游手好閒也是很無聊的，於是他取出舊鋼琴，開始消遣的彈起來，並開始周遊臨近的地方、聽演奏、和鋼琴名手們交往。

喬治對於那些名手們的經歷及喜好表示了真誠的關心，時常詢問種種事情。結果同好的朋友日益增多，他甚至參加正式競賽，最後在東部被稱爲「金吉爾郡彈鋼琴的喬治先生」，而成爲有名的鄉村音樂家。現年七十二歲的他，充分的享受著他餘生的一分一秒。

喬治由於不斷的給予他人深切的關心，而在一般「我的人生快結束了」的灰色退休時期中，使人生綻出全新的花朵。

老羅斯福的好人緣也是由於這個緣故。連他的佣人們都深愛他，其中的黑人佣人詹姆斯．艾默斯寫了一本《佣人眼裡的英雄——羅斯福》。

在那本書中，有如下感人的故事：

有一天，我的妻子問總統鶴鶉是什麼樣的鳥。因為她沒見過，於是總統就對她詳加解釋。過後不久，我們家的電話響了起來。（艾默斯夫婦住在總統蠔灣住宅內的一所小房子裡）妻子接聽電話，原來是總統親自來電，為了告訴她此刻她的窗外剛好飛來一隻鶴鶉，只要自窗子偷偷往外看就可以看見了。

他刻意的打電話來就為了這樣的小事情，然而這正可以顯示出總統人格的偉大。

總統在經過我們的小屋旁邊時，不論是否看得到我們，一定會「啊，老大哥！啊，詹姆斯……」地投來親切的呼喚。

佣人們對於這種主人能不喜歡嗎？不只是佣人，任何人又怎能不喜歡他呢！

有一天，老羅斯福到白宮去拜訪塔伕特總統，正巧沒能遇上，老羅斯福對這些昔日的舊僕，都能一一喊著名字，親切的招呼。這是他對下人真心喜愛的證明。

在廚房看到女佣艾莉絲時，老羅斯福問她：

「還是一樣烤玉米麵包嗎？」

「是的，不過只有我們佣人要吃的時候才會偶爾烤來吃。現在二樓的人誰都不吃了。」

老羅斯福一聽，便打抱不平地大聲說：「不懂美味的人啊！等我見到總統時，我必定會這樣跟他說。」

艾莉絲高興地拿出放在盤子裡的玉米麵包給他，他接過來塞了滿嘴，邊吃邊走向辦公室去，途中一見到花匠或雜工，就仍是一本親切地叫著每一個人的名字問好。佣人們至今還是津津樂道當年的動人情節。

特別是名叫艾克．華瓦的男人，憶及往事便眼中浮現歡欣的淚光說：「這是數年來我最快樂的一天，即使有人拿出再多的錢，我也不願跟他換。」

有一個推銷員由於能對小人物表示關懷，以致保住了重要的客戶。他說了以下這些話——

很久以前，我是嬌生公司的推銷員，負責麻塞諸塞州，新格姆小鎮上的藥房生意，每次到這家店我都會先向喝茶的店員們招呼，聊一會兒之後，再去和店主商談。

有一天，店主忽然說：「你的公司對我這類的小藥房根本不放在眼裡，只致力於和大的食品店及平價商店做買賣。這種公司的東西我要拒絕了，請回去吧！」

他態度堅決，我只好垂頭喪氣地撤退，在鎮上轉了好幾個小時，最後打起精神，決心再向店主尋求解決之道。

我再度進到店裡，就如平常般向店員們一一招呼後朝店主走過去。意外的是，店主居然滿臉堆笑的迎接我，且訂購了兩倍於平常的貨。

我好奇地問：「剛剛來拜訪時，還叫我別再來，到底是為什麼？」

店主指著年輕的店員說：「那位先生的話使我改變了想法。他說有好幾個推銷員來，但是會向店員打招呼的只有你，因此只有你有資格和本店做生意。」

這種關係便一直持續下來。此後我深信對他人深切的關心才是推銷員——不，不只是推銷員，任何人都該有的態度。

根據我的經驗——若能打從心底去關懷人，別人必報以更多的關心，甚至不惜花費寶貴的時間來協助你。

多年前，我在布魯克林市藝術科學館講解小說寫作法。我們希望請當時的名作家諾里士、賀士德、塔拜爾、突恩、桓士等人來班上講些他們的寫作方法與經驗。於是我們寄信給這些作家們，表示我們喜歡他們的作品，欽慕之餘，希望能學習他們的寫作方法及成功的秘訣。

每封信由全班一百五十位學生親自署名。我們又說由於知道他們很忙，怕沒空準備演講，便預擬一篇問題表隨函附上，請他們填上自己的答案後寄還我們。

這種設想周到，關懷備至的邀請，誰不會掏心掏肺，千里迢迢地趕來相助呢！

那實在是一次十分成功的邀請。用同樣的方法，我也曾邀得老羅斯福總統任內的蕭財長、塔伏特總統任內的大法官魏克沙穆、現在的羅斯福總統及其他很多名人來我的班上，給學生們講話。

所有的人，不管他是國王、是屠夫，都喜歡讚美自己的人。

德皇威廉在第一次世界大戰被打敗後，大概是世界上最被人厭棄的大戰禍首。數百萬人恨他入骨，想把他分屍，就是用火燒死也無法洩恨。

在這激憤的狂焰中，有一位少年寄了一封真情流露讚美的信給威廉：

「不論別人怎麼想，我永遠敬愛我的威廉皇帝。」

這封信令他深受感動，並回信告訴他想跟他見一面。於是少年被母親帶來了，後來威廉皇帝竟與那位母親結婚了。

這位少年沒有必要看此書，他的天性就懂得——「打動人心的方法」。

如果想交朋友，讓我們先爲人盡力——爲人貢獻自己的時間及勞力，不自私地竭盡所能。當溫沙公爵是皇太子時，計畫到南美旅行。他認爲如果到外國旅行就要以該國的語言說話，於是公爵在出發前的好幾個月間努力學習西班牙語，爲能直接和南美諸國的人談話。果然，他到了南美時，特別受當地人士的熱情歡迎。

多年來，我一直想辦法知道朋友的生日。本來我對占星術之類是壓根不相信，但是一見到朋友後，首先我會問對方是否認爲一個人的生日和性格及氣質有關係，然後接著問對方的生日。假設對方回答十一月二十四日，我就在心中反覆記誦，一回到家便把它登錄在「生日簿」上。每年年初在新的桌曆上轉錄下這些生日，有了這些完備的預備工夫，到時就不必擔心會忘掉了。只要某人生日一到，我的賀函或賀電便準時地傳達給他。

你知道嗎？我常是世上唯一記著他們生日的人！

如果想交朋友，就讓我們以熱誠的態度迎接他們。有人給我電話，當我拿起話筒，說了一聲「哈囉！」便要帶出十二萬分歡迎的口氣。

對人表示深切的關心，不只是私交上有收穫，有時還會給你的公務帶來意想不到的幫助！

以下是某銀行存款人給銀行的謝函——

向所有行員們致上無限的感謝！由於大家周到的禮貌及親切的態度，使長時間的等待都變得微不足道，你們的和藹親切足以消弭焦躁不安的情緒。尤其感激的是去年家母入院五個月期間，每當我到出納課梅爾莉小姐的窗口，她一定關心家母的病況……

羅玆戴爾太太恐怕不會到其他的銀行存款了！

紐約某大銀行主任渥爾達斯奉派調查某公司的信用。渥爾達斯只認識一位知道那家公司情報的人。那是某工廠的一位經理。渥爾達斯去拜訪他，當他被引到經理室時，年輕的女秘書剛好也進入經理室向經理說：「真不巧，今天沒有好郵票給您！」

「因爲我十二歲的孩子在收集郵票……」經理向渥爾達斯解釋。

渥爾達斯說明來意後，便開始提出問題。但是那位經理卻含糊其詞，不著邊際的敷衍一番。他認爲大概不可能自他那裡得到任何情報了。

會面的時間很快結束了，卻是不得其門而入的白跑一趟。

「老實說，我當時也不知道怎麼辦？」渥爾達斯在回憶當時的事情時說。

「後來我忽然想起那位女秘書向經理說的事情。郵票、十二歲的兒子……同時，我想起銀行的國外匯兌部，這部門和世界各國常常通信，好郵票有的是。

「隔天下午，我又去拜訪那位經理，告訴他我爲他的愛子帶來郵票，這次我當然大受歡迎。即使是他爲競選議員而握手時也不會比此刻更熱誠。笑容可掬的經理慎重的拿起郵票：『這個一定很合喬治的意！』或者『這個好美！很有價值呢！』等等脫口而出，他已沉迷其中而不自覺了。

「我們談郵票談了半點鐘，並看他兒子的照片。隨後，不待我開口，他便主動地提供了我急欲知道的資料，這一談，竟又費去一個多鐘頭。他傾其所知的提供我資料後，又叫屬下來詢問，甚至還打電話四處向知道的人打聽。此行我充分的達到目的。用新聞記者的術語來說，我是得到了頭條新聞。」

住在費城的男子拉費爾，多年來拚命的要向某大連鎖商店推銷煤炭。可是那家連鎖商卻一直向市外買進燃料，載貨卡車總是氣勢豪壯地通過拉費爾的店門前。

有一天晚上，拉費爾出席我的演講會，把平日對連鎖商店的憤濾傾吐出來，罵連鎖商店是市民之敵，對社會有害。

他實在不明白他推銷不出去的關鍵何在？

我建議他考慮別的對策。於是以「連鎖店的普及對國家真的有害嗎？」爲題，我們舉辦了個辯論會。拉費爾因我的勸告而持否定的立場。總之，就是爲連鎖商店辯護。他馬上出門去見平日視爲敵人的連鎖商店的經理，一見面的開場白是：

「今天不是來推銷煤炭的，是有其他的事來求你幫點忙。」於是他說出辯論會的情形，接著說道：「我想不出有誰可以幫我找到我所需要的事實。我急於在辯論會中獲勝，很希望你多供給我些資料。」

以下就拉費爾自己的話來敘述——

我請他只給我一分鐘的談話時間即可，於是他便接見了我。

我和這位首腦人物約定只有不折不扣的一分鐘，等我說明來意後，他讓我坐下，結果我們整整談了一小時又四十分鐘。他給別處公司的經理打電話，那個人曾寫過一本關於這個論題的記錄。他覺得他們那種公司對社會很有貢獻，他滿意自己的工作能替社會出力。因此談話中神采奕奕、眼中閃閃發光。我自認他確實給了我很多以前夢想不到的事情，他完全改變了我的心情和態度。事情結束要告別時，他將手搭在我肩上，送我到門口，預祝我在討論會上得勝，請我在辯論完了時，把結果來同他談談。「春天時請再來——因為我想要訂購你的煤炭呢！」臨別時，他說了這樣的話。

這件事簡直是奇蹟，這次我一句也沒提生意，他卻主動的要買我的煤炭，花了七年的苦心卻抵不過兩小時的關心。這兩小時所得的成績，竟比十年所得還大，僅僅一百分鐘我便意外地完成了十年來的心願，只因為我關心他，先於關心我自己。

拉費爾發現的並非什麼新的真理。遠在西元前一百年，羅馬詩人希拉斯就已經說過：「我們會關心那些關心我們的人。」

因此，受人歡迎，打動別人的鐵則是——

給予對方真誠的關懷。

2 笑容是最好的裝飾

前幾天我參加了紐約某一晚宴。其中有一位婦人是龐大遺產的繼承人；像是爲了給大家好印象而拚命打點——身穿豪華的黑色貂皮大衣，手戴鑽石和珍珠飾品，然而臉上的表情卻不曾顧到，總是露出一種高傲、目中無人的神情。

對於女性而言，衣服或神態，到底哪一個更爲重要，是連男性都明白的，可是身爲女性的她卻毫無所知。

傑魯斯．修瓦普曾說自己的微笑價值百萬，這其實還是相當保守的評價哩！他的成功是靠高尚的人品、魅力以及好人緣等等，而他那深富魅力的微笑，是養成他那人格的最主要因素。

行動勝於雄辯。「微笑」會自己說話——

「我喜歡你！託你的福，我很快樂。看到你，我很高興！」

我們之所以喜愛狗，乃在於牠一見到我們，就高興得不得了。嬰孩的笑臉也有同樣的效果。

醫院的候診室裡，依序等待的人們，個個表情沈悶，氣氛亦隨之滯沉。密蘇里州的獸醫史普拉威爾博士說，在某一年春天，診所的候診室裡擠滿了爲小寵物打預防針的人們，在這難以打發的等待時刻，大夥兒焦躁不安。

客人還有六、七個左右。此時有位年輕的母親，帶著她九個月大的嬰孩和一隻貓進來；她坐了下來，剛好就在一位表情不很愉快的紳士旁邊。而這個懷抱中的嬰兒正笑望著這位紳士。紳士心想到底該怎麼辦呢；當然，他也以微笑回報那嬰孩；接著就和這位年輕的母親開始聊起小孩和自己孫子的事情。不久，整個候診室的人也加入這談話的陣容，而剛剛焦急、不耐煩的情緒也緩和了，愉快的氣氛被帶了起來。

不是真心的微笑——任何人都不會被它矇騙的。機械般的動作，還不如生氣；至於那種打從心坎發出的溫暖人心的微笑，則實在價逾千金。

密西根大學心理學教授詹姆斯．麥可涅爾博士說：

「常露出笑容的人比不常露出笑容的人，在經營、買賣、教育……等方面，比較有效果與成就。笑容要比不愉快的表情還富有豐富的訊息；鼓勵孩子們要比處罰他們更具教育效果。」

笑容是很神奇的，展露後，仍然會不斷地發揮效果。美國的電話公司正實施一個「電話運動」的企劃，以用電話提供服務的推銷員爲對象，而有了這樣的格言：

「以電話作交易時，別忘記了微笑。」所謂「笑容」就是透過聲音傳達的。

辛辛那提市某公司電腦經理羅伯特．克拉亞先生，最初苦於自己的部門裡沒有適當的人才，最後終於如願獲致，他說了這個經過——

「我正積極尋找擁有電腦博士學位的職員。在帕德大學的應屆畢業生中預聘一位年輕人，以電話聯絡不知多少次，因爲看上他的公司很多，其中不乏比我們公司還大、知名度還高的，但當他知道被我們錄用時，相當的高興哩！之後，我問他原因，他稍經考慮才笑著說：『我想大概是這樣的：其他公司經理打來的電話，都是以公事化的語調說話，因此只覺得是一種交易；

而你卻是愉快的和我交談，於是那種想成為公司一分子的情緒，也就透過聲音而傳達出來了。』這青年如此說，於是我打電話時，也就從沒忘記帶著笑容。」

美國著名橡膠公司的經理認為，事情無趣就不能夠忍受的人很難成功。這個工業界的要人，似乎不相信「勤勉是開啓希望之門的唯一鑰匙」的古老諺語。

他說：「就像以喝酒、唱歌喧嘩為樂的人，有幾個因此而成為成功者？而且當他們剛要認真致力於工作時，就又打退堂鼓了。因此當失去工作熱忱時，也只有走上失敗之途了。」

想獲得交往的樂趣，首先就必須使對方和自己快樂才行。

我曾提議許多企業家起床後，每小時展現他們的笑臉，這樣持續一個禮拜，再把結果拿來訓練班上發表。結果呢？

紐約股票經理人瓦利安·史達哈德（**他並非稀奇的特例，而可以代表其他上千上百的人**）他告訴我一段話——

我結婚已十八年，早上起床到出門工作的時間內，從沒有對妻子展露過笑容，或說上幾句話，可說是世上最難伺候的丈夫了。

只因您要我發表有關於「笑的經驗」，所以就試著做一個禮拜看看。就在隔天的早上，我邊整理頭髮，邊對鏡中板著臉孔的自己說：「比爾，今天收起這種不愉快的表情吧，讓我看看笑容，趕快去做吧！」

早餐的時候，就一面對太太說早安，一面對她微微一笑。

老師也許認為對方會非常吃驚。事實上，不但如此，她簡直是深受震撼。從此我每天都那樣做。到目前為止，已經持續了二個月。態度改變以來的這兩個月，前所未有的那種幸福感，使我們家庭生活十分愉快。

現在，每天走入電梯我會對服務生微笑道早安，即對守衛先生也以微笑招呼，在地下鐵窗口找零錢也是這麼做的。即使在交易所，對那些沒看過我笑臉的人，也都報以微笑。

不久，我發現大家也都還我一笑，即使對於那些有所不滿、煩憂的人，也以愉快的態度與其相處。在帶著微笑傾聽他們的牢騷後，問題的解決也變得容易多了。而且笑容也能使人增加很多財富。

我和另一個經理人共同使用一個辦公室。他的職員是個令人喜歡的年輕人。幾天前，才發現笑容神奇效用的我，告訴這個年輕人這個處世哲學。於是，他坦承初次見面認為我難以相處，最近對我的看法卻一百八十度轉變了，好像我的笑容裡頭充滿了人情味似的。

同時我不再責備人，相反的懂得去讚美別人；絕口不提自己所要的，而時時站在別人的立場體貼人。正因為如此，生活上也整個革新了。現在的我和以前的我完全不同，是一個收入增加、交友順利的人了。我想，做為一個人，沒有比這更幸福的了。

當笑臉迎人而不被接受時，要怎麼辦才好呢？首先就是要勉強自己笑一笑。如果是一個人的時候，就吹吹口哨、哼哼歌曲，做出好像很快活的樣子。那樣，立刻就真的有美妙的幸福感覺。

哈佛大學教授威廉．詹姆斯說：「動作是隨著感情而表現的；但實際上動作和感情是同時並作的。就動作而言，它能依照意志而直接去做，感情就不能這樣。但是直接用意志調整行動，間接也可以影響感情。因此，在不愉快的情境中，要恢復愉快的最好方法就是很快活的做事，愉快的談天……」

世上的人都想追求幸福，但尋求這種幸福必定只有一種方法。那就是「控制自己的情緒」。幸福並不在於外在的條件；而在乎內心的情境。

幸福與否並非根據財產、地位或是職業等等來決定，而是在乎你的想法如何。例如，有兩個人，在同樣的時候，做同樣的事，儘管他們有相同的財產和地位，但也會有一個快樂、而另一個不快樂的情況發生。

為什麼呢？這是由於他們的心理狀態不一樣的緣故。

我在紐約、芝加哥、洛杉磯等等幾個美國大都市裡，曾看到過在有空調設備且很舒適的辦公室中工作的人們那種愉快的表情，也看過在熱帶酷暑中，使用原始道具工作的農夫，而他們的愉快並不遜於前者。

莎士比亞說：「事物本來並無好壞；但由於我們的想法而有好壞之別。」

林肯說：「人們快樂的程度，全看他們決心想怎樣去快樂。」

前些時候，我遇見了一件極好的例證。在紐約長島車站裡，當樓梯升起時，在我面前的是一群約三、四十個不良於行的少年，他們拄著拐杖苦撐著上樓梯。其中也有看護在旁照料的少年。

當我看到他們嘻嘻哈哈的樣子，著實嚇了一跳。於是詢問一位看護，他說：「是的，當他們最初知道要一輩子成爲跛者時，確是難受了一陣子，隨後這種打擊慢慢變淡，他們只好聽天由命，繼續尋找自己的快樂，不遜於正常的兒童。」

對這些少年們，我不由得想脫帽致敬。他們給我永生難忘的教訓。

在辦公室工作時，關在個別的房間裡，獨自作業。工作者苦於孤獨，和同事親近的機會也被剝奪了。

墨西哥的瑪莉亞，對其他公司人員的互動愉快很羨慕。初入公司時，即使在走廊遇見同事，對方也都會刻意把目光移開，而不打招呼。

經過了幾個星期，瑪莉亞對自己說：「瑪莉亞，妳要等待那些人來做是不行的，妳唯有從自己開始才成。」

某一天她去喝開水時，臉上堆滿了笑，對在場的人招呼：「你好！」一說完立即奏效，只見對方也同樣愉快回答著。頓時周圍明朗起來；而事情也變得順利了；同時認識的人也增加了，真摯的友情逐漸建立了起來。

瑪莉亞不僅僅是在工作上，也同時發現生活的一切都比以前愉快多了。

下面是愛倫巴特・哈巴德的話，想請各位好好讀，不單是讀，還要各位實行：

「出門時抬頭挺胸，然後做個深呼吸，呼吸一下新鮮空氣。笑臉迎人，誠心和人握手，即使被誤會也別擔心，且不要浪費時間去設想你的敵人，認真決定想做的事情，然後向目標勇往直前，並且把心放在那些偉大光明的工作上，隨時謹記著，久而久之，即將發現機會已經掌握在自己的手裡，就好像珊瑚蟲從急流之中攝取所需要的養分那樣。還要描繪出一位你打算學習的模範人物。久而久之，你也將成爲這等人物。

「心理的活動是微妙的。而正確的精神狀態就是經常保持勇氣、率直和明朗。正確的精神狀態也具有優越的創造力。一切的事物都是由願望所產生，而祈求者的願望會得著回應。正確的思想就是創造，所有事情都來自欲望。抬起你的頭、露出你的笑容吧！」

古代的中國人是聰明的，尤其在處世上，他們意味深長的說：「和氣生財」。

笑容是善意的表徵，使領受者的生活明朗、活潑起來。而對於那些皺著眉頭、噘著嘴，甚至故意把頭扭過去的傢伙來說，你的笑容正如從雲間射出的陽光一樣。

特別是承受著從上司、顧客、老師或是雙親、孩子來的壓迫感的人，就要讓其有「世上還是有愉快的事情呀！」的感受。

幾年前，紐約某百貨公司於繁忙的耶誕大拍賣中，打出了一個簡單、樸實的生活哲學廣告——

《聖誕的笑顏》

不要資金，但對大家都有莫大的利益。

施者無損，受者實惠。

即使驚鴻一瞥，記憶卻永遠存在。

富人需要它，窮者因它而富裕。

為家庭帶來幸福，為生意帶來利益。
是友誼溫暖的語言。
是疲倦者的安歇處、失意者的光明、悲傷者的太陽。
是大自然最佳的解毒劑。
是買不到、搶不到、借不到、偷不到的。
免費是最初與最終的定價。
在耶誕拍賣中，有些店員也許累了，而沒有給您一個微笑，至感抱歉！
但很希望你留下一個微笑。因為沒能給予微笑的人，是最需要微笑的了。

所以，受人歡迎的原則之二——

不要吝嗇，啟齒一笑。

3 牢記別人的名字

一八九二年紐約的羅克蘭特郡發生了一件令人難過的事，人們正爲一個小孩的死亡準備葬禮時。一個叫吉姆．菲利的人到馬房想去拉一匹馬出來。大地覆著雪，天氣嚴寒，馬也好幾天不曾活動過。吉姆把馬拉往水槽途中，馬突然失去控制亂吼亂叫地跳了起來，後腿高高踢起，竟把吉姆一腳踢死。這個史多利．伯恩得小村，在這禮拜的葬禮就由一個增爲兩個了。

吉姆．菲利死時只留下妻子、三個小男孩以及微薄的保險金。

長男也叫吉姆，快七歲的時候，就到煉瓦工場，從事把砂捏入模型中，然後將它們排列於日光下曝曬的工作。因此吉姆沒有時間到學校唸書。但這少年卻有著愛爾蘭人獨有的活潑氣息，因而許多人都很喜歡他，不久就開始在政治界發揮他那熟記人名的特殊才能。

吉姆並沒有進過高中，但在四十六歲時卻受贈了四個大學的學位，且成為民主黨的全國委員長及全國郵政局長。

我曾詢及吉姆・菲利成功的秘訣，他的回答是：「勤勉！」

「別開玩笑！」

當我這樣說時，他反而問我：「那麼，你認為如何呢？」

「聽說您能夠記住一萬個人的名字……」

我這樣回答時，他馬上訂正：「不是一萬人，是五萬人！」

羅斯福之能成為總統，吉姆的這項能力，著實有很大的助益。

吉姆當石膏公司的銷售員時就走遍各地。他在史多利・伯恩得的工廠中工作時，就想出了記住人名的方法。

這個方法，其實非常簡單。與初次見面的人必定先問他的名字、家族、職業、以及有關政治的意見等等，然後馬上記入腦海中。於是下次見面，即使是在一年之後，他也能拍拍那人的肩膀，問問他老婆及孩子的事情，甚至問他庭院裡的花木現狀。於是吉姆的支持者越來越多。

在羅斯福競選總統的數月前，吉姆每天寫給西部以及西北部各州的人們數百封信。之後就搭上火車，用十九天的時間走遍二十個州。

行程實際上是一萬二千哩，其間利用了馬車、火車、汽車、小船等一切交通工具。當他一抵達城市時，就與當地人民一起吃飯、喝茶、開懷地暢談，只要這些工作一完成，又到下一個城市展開忙碌的工作。

一回東部，他親自寫信給所經過城市的代表人，拜託他們送來參加會議的名單。共收集了數萬個之多。而這些名冊登記的每一個人都收到了民主黨全國委員長吉姆．菲力寫來的充滿親切感的信。這些以「比爾先生」或是「約翰先生」開始的書信，最後只署名「吉姆」（**他自己的暱稱**），完全是用朋友的語氣所寫成的。

人們一向不太注意到別人的名字，而只關心自己的名字是否被注意。吉姆老早就知道了這一點。名字爲人熟記，被輕易的呼喚，確實是很愉快的事，且比無聊的應酬話要有意思多了。

相反的，有時忘了或寫錯了對方的名字，麻煩也隨之發生。

舉個例子，我曾在巴黎舉辦辯論術的訓練班，邀請函用缺乏英文素養的法國打字員打上這些僑居美國人的名字，卻發生了錯誤——美國某大銀行巴黎分行首長的名字被弄錯，以致其提出強烈的抗議。

人的名字是相當難記的，發音不方便的尤其如此。大部分的人並沒有特意去記它，所以很快就忘了，於是要以綽號來彌補。

席德．雷溫要去拜訪那位以擁有尼古德姆斯．巴巴托洛斯這個困難的名字而自得的人士。大部分的人稱他「尼克」，而他則喜歡人家以正式的名字稱他。

席德．雷溫要與他見面那天，於出門前反覆練習他的名字，「午安，尼古德姆斯．巴巴托洛斯先生！」見面用全名打招呼時，他雖不至於十分驚訝，但也一時愣住了半晌，之後才淚流滿面的說：「雷溫先生，我到這個國家已有十五年了，在這之前，還沒有一個人能用這樣的名字稱呼我！」

安德魯．卡內基的成功秘訣是什麼呢？他被稱爲鋼鐵大王，但他本人卻對製造鋼鐵的種種不甚了解，所雇用的是比他還了解鋼鐵的幾百名員工。但他懂得用人之道——那也正是他致富之道。

小時候他就展現了組織群眾、統率群眾的才能。十歲時發現了人類關心自己的名字，而利用這個發現得到別人的幫助。

當他在斯克蘭特還是個少年時，某一天，他捉到一隻兔子，由於這兔子已經懷孕了，因此不久之後，小屋裡便擠滿了許多小兔子，以致兔子的飼料也不夠了。

但他有一個奇特的想法：如果附近小孩拔來許多草給兔子作食物，他就以這小孩的名字來爲兔子命名。

這計劃非常聰明，卡內基絕對忘不了這段歲月。

幾年後，把這種心理應用在事業上，使他獲致許多財富。

聽說他在賓西法尼亞鐵路公司推銷鋼軌時，「愛德加·德姆森」是當時該局的負責人。卡內基在匹茲堡建造了一座龐大的製鐵工廠，把它命名爲「愛德加·德姆森」製鋼所。

賓西法尼亞鐵路最後是跟誰買鋼軌的呢？想必你是很清楚的。

當卡內基和喬治·普拉馬推銷臥車廂競爭相當激烈時，鋼鐵大王又想起了小時候兔子的命名做法。

卡內基的仙特拉公司和普拉馬公司，在紐尼奧·巴西飛克鐵路公司推銷臥鋪車，彼此爲競爭竟不惜盈虧而互揭瘡疤。卡內基和普拉馬爲了會見紐尼奧．巴西飛克的首腦而到紐約。

某日晚上，他們兩人在仙特．尼可拉斯旅館碰了面，卡內基說：

「呀！普拉馬先生，晚安！想想看，我們正在做愚蠢的事不是嗎？」

「這是什麼意思？」普拉馬反問。

那時卡內基把以前所想的事情向他明說，也就是兩個公司的合併計劃。他熱心的分析：與其互相敵對，不如互相提攜來得好。普拉馬很專注的聽著，但半信半疑的樣子。

不久普拉馬問卡內基：「那麼，這個新公司的名字，要怎麼取呢？」

卡內基回答：「當然了，就叫做普拉馬．巴雷斯公司吧！」

這次的討論，在工業史上寫上了新的一頁。

像這樣，尊重朋友或貿易伙伴的名字，就是卡內基成功的秘訣之一。他尤其以能記住在自己手下工作的大部分人名字爲傲。因此，當他於企業上衝鋒陷陣時，從來沒有發生過罷工事件，這也頗令他自滿。

「要溫暖公司有一個辦法，就是牢記人們的名字。做大事業的人裡頭也有不能牢記別人名字的，至於不能記住重要的工作，那就等於是無法作好工作基礎的自我告白。」

汎美航空公司的空中小姐凱蕾·康秀老早就把乘客的名字記住了，並親切地稱呼這些乘客。結果，她本人獲得乘客的衷心讚美，而航空公司也對她另眼相看。甚至有乘客寫信來：「我好久沒有搭乘汎美了，但從現在起我決定以後都搭乘汎美公司的班機。偶然乘坐您的飛機，而深刻感受到貴公司待客十分親切，服務相當周到，實在難得。」

因爲人們對自己的名字非常自戀，而且設法流傳久遠。甚至極頑固的P·T·伯納姆（一八一〇至一八九一年，美國職業演員，馬戲團的創始者）也因自己的兒子沒有繼承自己的名字而深感遺憾。因此如果他的孫子願意繼承伯納姆的名字，就贈以二萬五千元的美金。

二百年前，曾經幫助過藝術家、音樂家以及作家的王侯貴族，請求在作品上寫著那是獻給他們的。圖書館和博物館的豪華收藏品中，有許多是不想被世人忘記自己名字的人所贈予的。

紐約市立圖書館有阿斯特與林諾克斯的大批捐贈。大都會博物館裡班傑明．阿爾度馬和J．摩根的名字永垂不朽。幾乎所有教堂裡的彩色玻璃上都留有捐贈者的名字。大學的校園裡，更常有標上個人名字的建築物，而這些人爲了留下自己的名字不惜付出鉅資。

大體上，人們並不能把別人的名字記得很牢。忙碌且沒有時間去記是主因。但儘管再忙，總也比不過羅斯福總統吧。他曾爲了記住一個偶然碰到的機械工人，而花了一些時間。

克萊斯勒汽車公司爲羅斯福總統訂製了一輛特別的汽車，由一個機械工把這輛車送到總統官邸。當時的情況，在張伯倫給我的信中，有如下的敘述——

我教總統有關使用這輛汽車的技巧，他卻教給我寶貴的人際關係技巧。

我拜訪官邸時，總統的心情非常好。他直接叫喚我的名字且跟我聊天，所以我的心情也變得相當愉快。特別印象深刻的是，他對我的說明由衷的表示興趣。

此時圍觀看的人越來越多，總統就說：「這實在太神奇了，只要按鈕就能夠自由自在的駕駛，實在是很了不起的事。這是如何完成的呢？如果有空真想把它卸掉仔細看看裡頭的構造。」

大總統在這些圍觀者面前，對我說：「張伯倫先生，製造這輛珍貴的車時，每天一定是很辛苦的，實在令人敬佩！」然後對散熱器、後照鏡、車內裝潢、駕駛座以及行李箱中附有標記的手提箱等等一一檢視過後，頻頻表示敬佩。

總統完全了解我的費心處，而且不忘對他的夫人和勞工部長及其他周圍的人作說明。甚至把上了年紀的佣人也喚來說道：「喬治，這個特製的手提箱，非特別小心使用不可。」

當駕駛練習完畢之後，總統就對我說：「張伯倫先生，我已經讓聯邦準備銀行的人等了三十多分鐘。我想該去辦公了！」

那時候我帶著一名機械工一塊去。到達官邸時，把他介紹給總統。總統當聽過一次他的名字，但是當我們辭行的時候，總統尋找這工匠，親切地呼喚他的名字，握著手表示謝意。他說謝謝，我感覺得出那是發自內心的真話。

回到紐約幾天後，我收到總統親筆簽名的照片和感謝函。到底總統是如何找出這些時間的？我實在不知道……

讓人喜歡的方法最簡單而且最容易理解的，那就是記住對方的名字，讓對方有種被重視的感覺。

但可惜的是，知道這個道理的人到底有多少呢！初認識的人，談上二、三分鐘的話，到了該說再見的時候，經常還會有記不起對方名字的情況。

「記住選民的名字——這才配做一名政治家。記不住別人的名字，就只有被人遺忘。」——

這是政治家所應該學的第一課。

記住別人的名字，在買賣上或社交上與政治上同樣重要。

拿破崙三世不論政務多麼繁忙，總要記住所有見過的人們的名字。他所用的方法非常簡單，當他沒有聽清楚對方的名字時，就說：「對不起，請再說一次！」要是相當奇怪的名字，就再問他如何書寫。

和對方談話的時候，就一再反覆呼喚對方的名字，然後很努力的把對方的容貌、表情、姿態等等一起記入腦海中。

要是對方是重要的人物，就特別下苦心。回到宮裡，就馬上寫下對方的名字，然後集中精神凝視著這便條，待完全記牢之後就把這便條撕碎丟棄掉，終於眼耳並用地把它記牢。

這是需要費一點工夫的方法，但借用愛默生的話：「良好的習慣，是些微的犧牲所造成的。」

所以，受人歡迎的原則之三——
別忘了，一個人的名字是他最悅耳的聲音。

4 聽比說更重要

最近我受邀參加一個打橋牌的宴會。實際上我並不會打，而來賓中也有位和我一樣不會打的女士。我曾在羅溫．德馬斯成名前，爲了幫他出版旅行札記，與他到過歐洲旅行。這位女士知道了這些之後，對我說：

「卡內基先生，請告訴我關於你的旅行中有趣的地方和美麗景色的故事。」

於是，我們坐在沙發上，然後她告訴我，她和她先生剛從非洲旅行回來。

「非洲！」我大聲嚷道：「那實在有趣！我從以前就一直想到非洲旅行。在阿爾及利亞我只停留了二十四小時，對於非洲的事情並不清楚。妳到過有猛獸的地方嗎？哈，那一定很好玩啊，而且令人羨慕！請讓我知道非洲的故事。」

她足足花了四十五分鐘的時間告訴我非洲的見聞。而原本想聽我說旅行的事就沒再提起。其實她所希望的只是一個——能仔細傾聽她說話，讓她盡情暢述的熱心聽眾。

她是奇怪的人嗎？不，不是的，這只是極爲尋常的反應而已。

某天，我在紐約出版業者J．克林巴庫所舉辦的晚宴上，遇到一位著名的植物學家。我從未和植物學家談過話，只覺他的談話內容實在很有趣：珍奇的植物、培育新品種的種種實驗、庭園及常見的馬鈴薯等等。我家有個小型庭園，原本有兩、三個疑問，在聽了他的話之後，這些疑問就完全解開了。

這個晚宴，還有其他十二、三名客人，但我竟未能顧及是否失禮，不顧其他來賓，只一逕和這位植物學家談話。

天色不早了，我便先向大家告別。之後，這位植物學家向我們的主人極力讚揚我的口才，最後他說我是世上難得的傾聽者。

說我口才好，讓我很驚訝。記得當時我幾乎什麼也都沒說。即使想說，但我對植物學完全沒有概念，又沒有轉變話題，所以找不到談話的材料；而代替講話的方法就只有聽了，而且是很專心的傾聽。於是我就轉換成聽眾了，而對方也覺得很高興。那種專注的傾聽，就是我們所能給人的最高讚詞了。

伍德在《陌生人的愛》一書裡曾說：「很少人經得起專注傾聽所含蓄的奉承態度。」而我則更超過注意傾聽，我所作的是「衷心的嘉許，慷慨的稱讚。」

「與您談話真是愉快，而且還獲得了好多東西。」

「如果能有你那樣的知識就好了！」

「希望有機會陪您到原野上去逛逛！」

「希望再見到你！」

我把這樣的話放在嘴上，完全是衷心的讚美。實際上，我只是個很好的聽者，不過讓對方有暢談的機會，對他來說卻是碰到了一位健談者。

有關商談的秘訣，伊洛特博士說：「如何與人商量並沒有什麼特殊的秘訣，但是如果能仔細去聽對方的話，是相當重要的。即使對人說出再好聽的話，也不會有這樣的效果。」

他本身是一位擅於傾聽別人說話的人，美國早期的世界級作家亨利・詹姆斯曾懷念著說：

「伊洛特博士聽人說話，不只是用耳朵，而且還加上動作：首先伸直了背脊坐直，兩手交叉在腿上，手指有時很快，有時很慢的，如同在繞線般轉動著，然後注視著說話者。就這樣邊玩味所聽的話，邊努力的記。因此，總使說話者有暢所欲言的滿足感。」

這是很容易理解的，即使是沒有唸過大學也該知道。但有些商人租高價的好店面，訂貨也很會打算盤，裝飾誘人的櫥窗，大肆宣傳，卻僱用些不擅於傾聽的店員。他們只會一味推銷產品或打斷、反駁顧客的話，這不就擺明了要趕走客人？

芝加哥某百貨公司因爲女店員沒有注意去傾聽顧客的話，差一點失去了每年平均消費數千美元的老主顧。

亨利．道格拉斯夫人在這家百貨公司的特價部買了一件大衣，回家之後，發現內側的襯裡破了。隔天她想去換，但女店員並不聽她的說明，只說：「這是特價品，請仔細讀讀那個——」

女店員指著牆上所貼的字，高聲的說：

「你看，明明寫著拒絕退換的！買都買了，拜託，破的地方請自己修補一下！」

「但這是買來就破了的瑕疵品啊！」

「沒有辦法，特價品是不能換的！」

受到這種待遇，她心裡暗暗罵著。在離去前剛好遇到該店經理，他正微笑著跟她招呼。道格拉斯夫人就把事情的始末，對這位她很熟悉的經理說了。

經理一直很專心聽她的話，然後替她檢查了大衣，說道：「特價品就是換季時整理庫存的物品拿來賣的，賣出之後是不能退的，但瑕疵品例外，我們當然要修好襯裡的，或是換給您新的，如果沒有存貨了，妳想退錢也是可以的。」

多麼不同的回答啊！要是沒有遇到這位經理，說不定這家百貨公司將失去一位長年的老主顧了。

好好聽人說話，不只是在商場上，在家庭生活上也是同樣的重要。紐約的愛波特夫人和孩子說話時，必定留意對方說什麼。某個黃昏，這位夫人和她的兒子羅伯特在廚房說話，羅伯特就說：「我知道了——媽媽您非常愛我。」

愛波特夫人聽了這話，胸口一熱：「當然非常愛你！不是嗎？」

「是的，我知道您非常愛我。因爲我想和您說話時，您都會放下自己的工作而仔細地聽著。」

有些脾氣不好的人，即使是芝麻小事也要拚命發牢騷。即使如此，若你肯耐心傾聽他的話——即使他像眼鏡蛇般的兇惡，但對於一個始終耐心傾聽的人，則是十分溫馴的。

數年前，紐約電話公司遇到一個可惡的用戶，使接線生窮於應付而哭了起來。他咒罵接線生，威脅說要扯毀電線；他拒付電話費，說是替他接錯了線；他要向報社投書，對消基會提出申訴，並提出好幾個訴訟。

電話公司派了擅於解決紛爭的人去會見這個「麻煩人物」。這個交涉員非常仔細地聽他說話，不時露出很同情的臉色，讓對方一吐心中的憤怒。事後他說：

「他幾近發狂的發洩，使我足足聽了三個小時。之後，我再到他那兒去聽他發牢騷，結果我一共找他四次。第四次見面結束時，我變成他計劃中協會的發起人。這個協會叫做『電話用戶保護協會』。但據我所知，到目前爲止，除了這個人之外，我是該會的唯一會員。

「我始終站在對方的立場去聽他的不滿。他從沒遇過電話公司的人這般同他說話，而他也開始以對待親友的方式來對待我。在四次會面裡，我一句也沒提訪問他的目的。但在第四次見面時、目的卻自然而然地完全達成了。

他付清所有的電話費，且撤消了訴訟。」

這個麻煩的男人一定自認爲是在苛酷的榨取中維護正義的戰士；但實際上卻是在宣告他自己的重要性。而這位交涉員滿足了他那種受人重視的需求，於是他幻想中的種種不平，也就消失得無影無蹤了。

雷特曼毛織品公司是舉世聞名的。

數年前，一位顧客怒氣沖沖地到董事長朱利亞．雷特曼的辦公室大聲指責。

雷特曼告訴我當時的情況——

這人欠我們一筆帳，但當事人否認；公司方面卻堅持握有絕對的證據，因而再三發出催款函。於是他生氣了，大老遠的跑到芝加哥我的辦公室來，不但拒付欠款，並說再也不買雷特曼公司一塊錢的貨品了。

我一直耐心聽他發牢騷，雖然想打斷，但那是不智的，因此只好讓他盡情傾訴。說完之後，他的激動也平復了許多，而我也了解他所說的。於是我斟酌了一下，冷靜地說：「您特地來芝加哥告訴我此事，我真不知該如何感謝才好。因爲這些人如果困擾了你，他們說不定也同樣困擾了其他的客人。這就太糟了。相信我，對於這件事，我比您還要著急。」

相信他連作夢也想不到我會說這些話。明明是來芝加哥找我理論的，現在卻反而受到感謝，他大概是消氣了。我更進一步向他保證會取消那一筆帳，因爲他是細心的人，而且只管一本帳；我們公司卻要記千百戶客人的交易帳，似乎我們錯誤的機率較大。

我知道他的心情變好了，換成是我，我也會跟他一樣！因爲他說過不再向我的店買東西了，於是我決定向他推薦其他的商店。

過去他每次來到芝加哥都是一起吃午飯的，所以這一天我也請他吃飯。當吃完飯回到辦公室，他卻向我訂購比以前都多的大批物品。他改變態度，再度翻查帳冊，發現了那張遺忘了的帳單，於是附上道歉信和支票過來。

以後，他家男孩出生時，他把那小孩命名爲雷特曼；而且直到他去世的這二十二年來，他一直是我們最好的朋友，也是我們最好的顧客。

一個相當古老的故事：

一個漂流到美國的窮荷蘭孩子，他從學校一回到家裡就要洗麵包店的窗戶。因為家很窮，所以必須提個簍子在大街上撿煤炭車所掉落的煤炭屑。少年的名字叫愛德華．波克，他一生進過的學校不到六年，但是後來卻成為美國首屈一指的大出版家。他的成功秘訣就是應用了本章所述的原理。

他十三歲就離開學校，受雇為華盛頓．紐奧電報公司的雜役。激起上進心的他開始自修，於是把交通費和午飯錢省下來，買了《美國傳記全集》，自其中他獲得了很多新知識。讀名人傳記，他會寫信給本人，說希望聽他們少年時代的故事。他是一個成功的聽眾，讓人更進一步敘說自己。

他寫信給當時總統候選人的加菲爾將軍，問他少年時代是否真的在運河邊的拖船上工作過，後來他收到將軍的回信。他也給格蘭特將軍（南北戰爭時的北軍總司令、第十八任總統）寫信，說他想知道某一次會戰的實際狀況，因此格蘭特就畫了地圖而且詳加說明，最後將軍招待這位十四歲的少年晚餐，然後讓他問很多問題。

這個電報公司的送信童，不久就跟許多名人聯絡上了。最初是愛默生，後來又有奧莉微．荷姆士（一八〇九至一八九四年，學者、詩人）、朗費羅（一八〇七至一八八二年，美國詩人）、林肯夫人、露易莎．奧爾科特（一八三二至一八八八年，美國女作家《小婦人》作者）、夏蒙將軍、傑佛遜．戴恩（一八〇八至一八八九年，美國政治家）等等。

他不只和這些名人通信，而且一到假日就親自拜訪，且深受他們的歡迎。藉此獲得的自信，對他而言是相當寶貴的。這些名人帶給這少年許多美麗的夢想和希望，終而改變了他的一生。而這裡想強調的是根據本章所講的內容，加以切實應用和實行。

艾沙克．曼卡松是最優秀的名人訪問家，他說，無法給人良好第一印象的人，往往由於其缺乏傾聽的能力：「人們往往只考慮自己所說，而把別人的話當耳邊風。偉大的人喜歡擅於傾聽的人，甚於喜歡會說話的人。但是擅於傾聽的本領似乎比所有其他的美德更難得。」

不僅是大人物，一般人亦是如此。

《領導文摘》上曾說：「世上有很多人只是爲了有個傾訴苦悶的對象，而去找心理醫生。」

南北戰爭最激烈的時候，林肯寫信回家給春田市的老朋友，請他到華盛頓來，說有重要的事情想同他商量。這位朋友來到白宮後，林肯就發表解放奴隸宣言一事談了數個鐘頭。然後敘述自己的意見，朗讀這次的投書和新聞記事。這裡頭有反對解放的，也有贊成的。

長時間的會談結束後，林肯握著這位朋友的手，在送他回春田市之前也沒讓他表示什麼意見。從開始到結束，都只有林肯一個人在說，但他似乎因此而心情暢快了。

另外，這位朋友也於林肯說完之後，頓時覺得輕鬆不少。對林肯來說，實在也沒有必要去聽對方的意見；他不過想把心裡的壓力傾吐出來罷了。心情煩悶時，任何人都會這樣做的。尤其是生氣的客人、心中不滿的勞工以及傷心的朋友，大家都希望有一位好的聽者來作爲傾吐苦悶的對象。

偉大的心理學者佛洛伊德也是一位偉大的聽者。曾和他說過話的人說：

「佛洛依德的事情我一生也忘不了。他是我所見過的資質最特殊的人。他沈穩而親切，完全沒有精神分析時那種『看透靈魂的眼睛』的感覺。他的聲音低沈而溫和，一直是集中注意力聽我說話。遇到如此的聽者，是個寶貴的經驗。」

如果想讓人討厭、嘲笑、或輕視時，最好遵守下面的要領——

1. 對方的傾談，絕對不要去聽。

2. 從頭到尾只說自己的事情。

3. 在對方說話時，打斷並插入自己的意見。

4. 如果對方頭腦反應較慢，就在他說到一半時毫不客氣地打斷。

確實有遵守這種要件的人。不幸得很，即使在名人裡面，也有這樣的人，著實令人驚訝！這樣的人們是由於不耐煩而無法忍受對方；他們自我陶醉，認爲只有自己才是偉大的。

哥倫比亞大學校長尼可拉斯・巴杜拉博士說：「只顧自己而不顧別人的，就是沒修養的人。不管接受多少教育，他仍是沒修養的。」

如果要成爲一個健談的人，首先要學會如何聽人說話。爲了讓人有興趣，第一步就要自己也對所說的事情感興趣才行。

做出令對方很樂於回答的詢問，讓他說他自己的事或是很自得的事。

你說話的對象，對他而言，在中國即使餓死了百萬人，還不如說他自己的牙痛還來得重要；手上的小疤痕比美國四十次的大地震更令他關心。

記住，要受人歡迎的原則之四——
要學會做一個優秀的傾聽者。

5 談別人關心的事

訪問過老羅斯福總統的人，都會爲他的博愛態度所折服。不管是牧童、義勇騎兵隊員、政治家、外交官，或是其他的人，他都能和對方談得很投機。

爲什麼他有這種能力呢？答案非常簡單：當有人來拜訪他的時候，他會在前一個晚上，就對方的興趣做充分的準備，以便投其所好。他也和其他的領袖一樣了解一個事實：扣緊人心的最好方法，就是拿對方最關心的作爲話題。

耶魯大學的文學教授，同時，也是隨筆作家的威利姆．菲力普斯，在幼年時就已經知道這道理。在《關於人性》文中，這樣寫著：

「我八歲時，在某個週末到斯特拉費杜城的莉潔姑媽家玩。黃昏時有一位中年的男客來訪，他和姑媽親切的交談。那時的我正沈迷於小船，這個人便以此爲話題同我大談特談。等他走了，我就一直誇讚這個人：『多麼難得的人呀！』姑媽卻說那位客人是紐約的律師，對於小船的事不但不懂，且一點也不感興趣。只因爲他是個可敬的紳士，看我喜愛小船，就拿這個作爲話題，愉快地陪我暢談。」

以下是熱心於童子軍事務的愛德華．查理先生的來信——

「某天我需要找人幫忙，因爲在歐洲舉辦的童子軍大會就要開始，我想請求美國某大公司資助一個童子軍代表赴歐參加大會的旅費。很湊巧的，在我去拜訪他之前，據說他開了一張百萬元的支票，等支票兌現之後，他特地從銀行取回，他就把它用框裱了起來。

「當我一進辦公室，首先就要求看那張支票。一百萬元美金的支票，我說從未聽過有人開過數額這麼大的支票，所以回去後，要讓童子軍們聽聽這張支票的故事。於是他就很高興地把它拿給我看。我表示很羨慕，又要求他說說開這張支票的詳細情形……」

讀者也許注意到了：查理先生最初的話題無關乎童子軍、歐洲大會或是此行的目的；而只就對方所關心的事作爲話題，但結果卻是——

「後來這位經理就問我：『我忘了問您，您有什麼事呢？』這時我才說出此行的目的。而他不僅很快的接受我冒昧的要求，原本我只要求資助一個童子軍，他卻資助五個童軍給我。他另外給了我一張千元的外國銀行信用卡，叫我們在歐洲住七個星期，還給歐洲分店長介紹函，要他們把我們的開銷算便宜一點。後來他和我們約在巴黎碰頭，還帶著我們暢遊巴黎。此後他一直繼續給童軍許多照顧，還有好幾次給清寒的團員們工作機會哩！

「所以若我不知道他的關心所在，不能以此讓他愉快起來，想必事情就沒這麼容易了！」

這個方法也能應用在買賣上。

紐約一流的麵包公司，經理狄威若先生一直想推銷自製的麵包給紐約某旅館。四年來，每個禮拜他都親自去找該旅館的經理，同時也參加經理出席的聚會。他甚至在那家旅館租了一個房間，爲了好談生意，但都終告失敗。

他敘述了當時的努力情況——

「自此我學會了人際關係的課題，且改變了戰術：先去了解對方關心的是什麼，結果得知他是美國旅社協會的會員，而且由於他的熱心已成爲該會會長，另外，又兼了國際旅館協會會長。據說不管協會的大會在哪裡召開，他總是搭機千里迢迢的趕去參加盛會。

「次日，在那裡見到了他。我提到有關協會的事，他的反應出奇的好，眼中露出炯炯的光彩，足足說了三十分鐘協會的事。這協會的孕育和生長對他似乎有無可言喻的喜悅，也好像是他熱情飛揚的泉源。在敘說的過程裡，更是一再勸我也加入該協會。

「我隻字不提麵包的事。但數日後，旅館的供應部來了電話，要我帶麵包的樣本和價格表去。到了旅館，供應部人員對我說：『我不知你用了什麼方法，讓我們經理這麼注意你！』

「請想想看；爲了和他做生意而白白費了四年的時間，要是能一開始就看透他關心些什麼就省事多了！」

哈利馬先生在退伍後就選擇了馬里蘭州風景優美的坎伯蘭定居。但當時那附近幾乎沒有工作機會。公司有幾家，但全由R．J．法庫哈扎管理。法庫哈扎出身貧困，其致富的傳奇一直是哈利馬先生深感興趣的。但法庫哈扎卻以拒見求職者而聞名千里的！

「我向人們打聽，結果得知他這個人最關心的是權力和金錢。爲了躲開求職者，就雇用一位忠心而頑固的女秘書。於是我趕緊調查了這位女秘書所關心的事，之後，未經預約就直接到她的辦公室去拜訪她。一如環繞在行星周圍的衛星一樣，十五年來，她一直在他的身邊工作。我告訴她：『我有個對法庫哈扎先生在經濟上及政治上有利的提案。』果然不出所料，她很感興趣。而我則更進一步，談了許多關於她對於法庫哈扎先生成功的重要性。最後她爲我安排與法庫哈扎先生面談的事宜。

「就這樣，我被帶到法庫哈扎氣派十足的辦公室內，而且在心裡告訴自己即使錯了，也不要說想找工作等等的事。因爲他在雕刻的大桌子後面，所以他大聲說著：『有什麼事嗎？先生！』、『法庫哈扎先生，你可以賺更多的錢啊！』一聽完，他馬上站起逕向我走來。於是我就把我的想法告訴他，同時儘可能詳細說明對法庫哈扎先生及對他事業上有何好處。從此之後，我把他的事情都稱爲R・J，直到今天已經有二十年歲月了，我在他的企業中成長，和他同心協力繁榮業務。」

認清對方關心所在而把它當成話題的人，往往最後能使雙方皆蒙其利。員工溝通指導者哈懷特・漢克就遵守這個原則。他說：

「對象不同，收獲也不同。總而言之，不管和什麼樣的人談話，都將使自己的人生更寬廣——那是最好的成果！」

因此，受人歡迎的原則之五——
要談別人關心的事。

6 滿足對方的重要感

紐約第八街有個郵局，有一次我爲了寄掛號郵件而去那裡排隊等待。擔任工作的郵務員由於日復一日地重複秤郵寄物品、收售郵票及零錢、開收據等等。因是枯燥乏味的工作而顯出漠然的表情時，我就想——

試試讓這位男士對我有好感。我必須不談自己，而只說一些有關他的優點。關於他，我真正覺得值得讚美的到底是什麼呢？

這是很困難的問題，特別是對於初次見面的人。但也可能在偶然間就將它解決了，果然，真正美好的東西讓我發現了……

在他秤我的信時，我打心底說出：

「好漂亮啊，你的頭髮真令人羡慕！」

乍聽之下，他驚奇的抬眼望我，隨即便綻放出滿臉的笑意，謙虛地說道：

「哦，不！最近都變醜了。」

以前如何我不知道，但是現在他的頭髮，確實使我覺得很漂亮。他聽了高興得不得了。又說了兩、三句愉快的話，但是最後：「其實許多人那麼說！」終於忍不住說出了真心話。

那天，他大概以很快樂的心情出去吃午餐吧！回家也必定急著對妻子說了吧！然後自得地攬鏡自照：「這真是一頭好看的髮型。」

偶爾，我會跟人談起這件事，有些人聽了，便問：「那麼你是期待從他那裡得到什麼呢？」

我在期待些什麼？

使他人快樂、誇獎他人，不能期待有何報酬，否則，不免要失望。

但是，實際上，我仍然希望有所報酬，只是我所希望的是金錢買不到的東西。而我也確實是得到了。為他盡力，而且沒有給他任何負擔的輕鬆情緒，這種「放心」，總是會留下來成為快樂的回憶，這便是我期望於他的報酬。

有關人類的行為有一個重要的法則。若遵從之，那大部分的紛爭就能避免。不只是朋友增加，還可以時常嘗到幸福的滋味。一旦破壞這個法則，隨即會被捲入無止境的紛爭。

這個法則是——

時常滿足對方的重要感。

我們已經提過，杜威教授說過，想成爲重要人物的願望，是人類最根深柢固的需求。詹姆斯教授也斷言，人人都有受他人認同的願望。這個願望如前所述，是人之異於禽獸的地方，而人類的文明也因此而進步。

關於人際關係的法則，哲學家歷經數千年一直在思考著。而結果只產生了一個重要的教訓。這絕不是創新，而是和人類的歷史同樣古老。三千年前瑣羅亞斯得就將此教給波斯的拜火教徒；二千五百年前孔子就在中國傳給弟子，道教的開山始祖老子也傳授它；比耶穌基督早五百年，釋迦牟尼在聖河邊傳給眾生；耶穌一千九百年前在猶太的石山，將此教義傳下，他說——

「你希望別人怎樣待你，你就該怎樣待別人。」

任何人都希望取得眾人的認同和承認你的價值。你想要在你的小世界中建立起你的高貴感與重要性，你不希望不真誠的諂媚，而渴求真誠的讚美，你願你的同事都像史考伯所說的：「不吝稱讚，誠於嘉許。」

因此，何不遵照這些金科玉律——

我們希望別人怎麼對待我們，我們就先要怎麼對待他。

那麼，在何種情況下，何時，如何做呢？

——任何時候任何地方都要這樣做。

威斯康辛州的史密斯說了在某慈善音樂會的體驗，當時主辦單位委託他管理會場喝茶的攤位。

「那天晚上我一到會場的公園時，已經有兩位老婦人站在喝茶的攤位。兩人都不高興地一副自認爲是該攤位主任似的。我爲此煩惱時，執行委員巡視過來，遞給我手提保險箱，感謝我的協助，並介紹兩位老婦人羅絲和珍是我的助手，當他們匆匆忙忙走掉之後，留下令人難堪的沉默。

「最後我想到手提保險箱是某種權威的象徵，便先將它遞給羅絲說：『管帳是很辛苦的工作，拜託您了。』接下來請珍指導服務組的兩人使用機器的方法，並拜託她監督服務工作，就這樣，那天晚上實在過得很快樂。羅絲很高興的享受管理帳目的樂趣，珍也愉快的監督服務組，而我則能優閒的享受音樂會。」

此種讚賞的哲學並非要等到成爲外交官或慈善會長才來實行。你應當每天應用它來創造奇蹟。例如，在餐廳當侍者拿錯了東西時：「很抱歉，麻煩你，雖然咖啡不錯，但我點的是紅茶！」若能如此尊重的說話，侍者會很高興的替你換。像這種表示體諒的恭敬用辭，用在單調的日常生活中猶如齒輪中注入潤滑油。不但是一種教養，也是獲得快樂的秘訣。

美國名小說家荷爾．柯恩原是鐵匠之子。他一生上了不足八年的學校，然而在他死時，卻是世上最富有的文人。

柯恩喜歡十四行詩及短歌，傾慕英國詩人羅賽蒂，他甚至寫了一篇演講詞頌揚羅賽蒂的藝術成就，並寄了一份給羅氏，羅氏非常高興，他大概會對自己說：「一個青年對我的才能有這麼好的意見，必定是個人才。」於是他將這位鐵匠的兒子叫來當自己的秘書。

這成爲荷爾．柯恩生涯的轉機，站在這個新的職務，得以和當時有名的文學家們親密地交往，而得到其忠告及激勵，荷爾・柯恩凱因而向新的人生出航，終至馳名世界。

柯恩的故里格瑞巴堡成爲全球觀光客都想去瞻仰的聖地。他的遺產據說多達二百五十萬美元；然而，誰曉得假如他不曾寫過一篇讚美大名人的文章，說不定終生只是默默無名的一介凡人。

這便是衷心的讚美所產生的無可預知的偉大力量。

羅賽蒂認爲自己的存在是重要的，這不稀奇——誰能不認爲自己重要，很重要，非常重要呢？

當人們被讚美、受肯定，而爲了保持這種高貴感、重要性，他便會更加上進，因此，這往往也是一個人的人生轉捩點。

加州卡內基教室的羅蘭多是美術工藝老師，他轉述了當年在工藝初級班的故事如下——

克利斯沉靜、內向、沒有自信，因而是個不引人注目的男孩子。我除了教初級班之外，也負責高級班。進入高級對學生來說是莫大的榮譽。

某星期三，當克利斯努力於創作作品時，自他那專注的神情，我彷彿看到了他體內正燃燒的熱情之火，這一把火震撼了我：「克利斯，怎麼樣，要進入高級班嗎？」多麼漂亮啊——十四歲的害羞男孩充滿感激的臉。他拚命忍住歡喜之淚的樣子。

「啊！我？羅蘭多老師，我有那樣的能力嗎？」

「當然有！你具有充分的實力啊。」

只是這樣說便使他幹勁十足。我的眼裡也滿溢淚水。

走出教室前的克利斯，毫無畏怯地挺著背脊，看著我的眼睛中閃著光輝，聲音中充滿自信：「謝謝你，羅蘭多老師！」

克利斯給我上了重要的一課，那就是讓人覺得自己是高貴而重要的。我做了一個標示板，上面記著「你是重要的人物」，為了大家能看到，也為了讓自己不要忘記，每一個學生都是同等重要的人物。

任何人都會認爲自己在某些方面比他人優秀。因此，要確實得到對方的肯定，則要把你對他真誠的讚美坦率的表現出來，讓他知道。

請記住，愛默生說的話：任何人都會有某些方面比自己優秀，具備了我們該學習之處。可惜的是，有些人沒有具備任何值得誇獎的優點，卻以俗不可耐的自大及自我宣傳來掩飾其自卑。

以下介紹運用讚賞的原則而獲致成功的三位人物。三個人都是我班上的學員。

首先是康乃狄克州的律師的故事。他的名字不欲發表，且以R氏稱之。

參加我的講習會不久，R氏陪夫人一起去拜訪她長島的親戚。一位上了年紀的老姑媽家，夫人留下R氏，自己則到其他親戚家拜訪。由於R氏須要回到班上報告實驗讚賞原則的結果，就想先在這位老姑媽身上實驗看看，因此他巡視屋內一切，爲了找出值得真心讚美的東西。

「這房子大概是在一八九〇年左右建造的吧？」他問道。

「是啊，正是一八九〇年建的。」老姑媽回答。

「這使我回憶我出生的房子，設計真美，建築也好，室內寬敞，你知道現在人們不再造這樣的房子了。」

聽到這些話，姑媽高興地附和著：「是啊，因爲現在的年輕人不再關心房屋的美麗了。他們只要有狹窄的公寓、電冰箱以及遊玩用的自用車就好了！」

她顫聲柔情地回憶：「這房子是夢的家，是用愛情築成的。外子同我在未蓋這屋子前已經夢想了許多年，最後還是我們親手設計的，我們並未請建築師。」

然後，她領著R氏參觀各房間。他對她珍藏的各種貴重物品，如蘇格蘭的佩絲利織品披肩、英國古老茶具、魏吉渥多的陶器（**魏吉渥多，美國窯業家，發明在染色的薄陶上疊上以百陶土所製的精巧古典圖案的陶器**）、法國的床和椅、義大利畫、法國貴族的絹織掛布等等，R氏都衷心地讚美。

屋內的參觀一結束，她又帶著R氏到車庫去。那裡有一輛簇新的別克汽車。指著那輛車，她輕輕的說：

「這車是外子去世前不久買的，但是我一次也沒用過……你是識貨的人，我想將這輛車送給你。」

「不！姑媽，這實在很爲難。當然，我心裡非常感謝，但卻不能接受這輛車。我自己最近剛剛買了車，何況您還有很多更近的親戚可以送呢！」

R氏一推辭，姑媽就大聲叫道：「近親，確實是有—想要這輛車而在等我死的近親哪！但我是絕不會把這輛車送給那些人的！」

「不然也可以把它賣掉呢！」

「賣！我會想賣這輛車嗎？我怎甘心看著陌生人坐這輛車在街上逛呢！這是外子特地為我買的車！要賣掉它，作夢都沒想過。想要送給你，只因你能珍愛美的東西。」

R氏還是設法在無損其快樂的情緒下，婉拒這份好意。

一個人孤獨的住在寬闊的屋子裡，靠回憶過活的這位老婦人，僅僅是些微的讚賞也很需要。她也曾經美麗動人。她曾建立愛的屋子，從歐洲各地搜集來許多好東西來裝飾房間；現在是風燭殘年的孤獨老人，當她伸出枯乾的雙手索求一點人間的溫暖，一點真心的讚美時，竟沒有人肯付出，因此一旦她得到她渴望的東西，便像是沙漠中找到了甘泉，她的感激，非以一輛新車相報不足以表現。

讓我們來看第二件：紐約園藝風景設計家麥瑪宏的報告——

在訓練班聽到「打動人心的方法」之後不久，我爲某名律師的房屋作造園設計。於是那家的主人到庭院裡，指出種石南花及杜鵑花的地方。我對他說：「先生，您應該很高興吧，養了那麼多出色的狗。在賽狗會中，聽說您的狗得到許多獎狀。」

這幾句讚美話得到驚人的結果。主人很高興的說：「是的，我帶你到一間狗的屋子去參觀好嗎？」

他花了一小時的時間，領我去看令他自滿的狗及獎牌，甚至把育狗的系譜圖也拿出來，爲我解釋每條好狗的血統，怎麼才可以生出漂亮伶俐的小狗來。

最後他問我：「你有小孩子吧？」我回答有，他問：「那位小弟弟喜歡狗嗎？」我立刻答：「是的，他很喜歡呢！」於是他說：「好極了，那我一定送他一隻漂亮的小狗。」

於是，他開始說明養小狗的方法：「只用說的容易忘記，寫在紙上吧。」就這樣，他走進屋子裡去了，然後連帶著血統書及打字機打出來的飼養方法，就把要花一百美元才能買到的小狗送給我，這件事其實還花了一個多鐘頭的寶貴時間，只因我讚美了他的愛好及成績。

柯達公司的伊士曼發明了透明膠片，才能攝製電影。他因此發了財成爲舉世聞名的大實業家。即使是完成那種大事業心人，仍舊同我們一樣，由於些微的讚美而感激莫名。

當伊士曼正在羅傑斯塔建築伊斯曼音樂學校及齊爾豐會館時，紐約高級坐椅製造公司的經理艾達姆斯想要爭取到該劇院座椅的訂貨合同。於是艾達姆斯向建築家取得聯絡，就與伊士曼約訂見面。

艾達姆斯一到約定地點，這位建築家就注意到他了：「你是一心一意要取得這項訂單吧！如果你打擾他的時間超過五分鐘以上，就沒有成功的希望了。因爲伊士曼是嚴厲又忙碌的人，所以一定要迅速的結束談語。」

艾達姆斯打算照他說的去做。

一進到辦公室，伊士曼正埋首閱讀堆積如山的書籍，終於伊斯曼抬起頭，取下眼鏡，走近建築家及艾達姆斯說：「早安，兩位有什麼事嗎？」

在建築家的介紹下打過招呼後，艾達姆斯面對著伊士曼說：「剛來時我就很佩服這個房間這麼氣派。在如此氣派的房間裡工作，一定相當愉快吧！

雖然我是室內裝潢專家，但到今天爲止尚未看過如此氣派的房間。」

伊士曼回答道：「誠然，被你一說，我就想到這間房間完成時的事。完成的當時我也非常高興，但是最近由於太忙，已經快忘了這間房間的好處了。」

艾達姆斯靠近壁板，一邊撫摸一邊說：「這是英國木板呢，和義大利木板的木紋有點不一樣！」

伊士曼抬起頭來回答道：「是的！這是白英國進口的，是一位對於木材相當了解的朋友幫我選的。」

於是，伊士曼就將房間的色彩、手雕的裝飾及其他他下工夫之處都一一說明給艾達姆斯聽。

他們邊看著精巧的房間設備邊來回走著，在窗邊站定。伊士曼將自己對社會公益事業的看法，以柔和的語調客氣地說出來，艾達姆斯由衷地讚美伊士曼慈善事業的古道熱腸。最後伊士曼打開玻璃盒，取出一部據說是買自某位英國人手中的相機。

艾達姆斯詢問伊士曼關於開始做生意時的辛勞，伊士曼回顧起他貧窮的少年時代：寡母經營便宜的寄宿房子、自己在日薪五十分的保險公司工作等事情……——感慨地道出。被貧困的恐懼日夜糾纏的他，決心要設法擺脫貧困，將母親從辛苦勞動中解放出來。

艾達姆斯仍然繼續詢問，並傾聽他做感光玻璃板實驗時的事，在辦公室中持續一整天工作，利用藥品發揮作用的短暫時間作片刻休息，有時是連工作帶睡覺穿著一件衣服三晝夜沒換過，伊士曼的故事無窮無盡……

艾達姆斯進入房裡是十時十五分，他被告知耽誤五分鐘以上是不好的，然而，一點鐘、兩點鐘都過去了，他們仍聊得不亦樂乎。

最後伊士曼面向艾達姆斯說：「前不久去日本時買了張椅子，我把它放在家裡的門廊，由於日曬而油漆剝落，前些天我買了油漆自己重新粉刷，怎麼樣，想看看我漆油漆的本事如何嗎？那就請到舍下去吃中飯罷，我給你看看。」

午飯後，伊士曼讓艾達姆斯看椅子，那椅子一把也不過值一元五十分，完全不像是百萬富翁用的，只因經由他自己油漆，便有了身價。

將近九萬美元的座椅貨單究竟落在誰手中呢——相信不用多說你也知道。

自那時起，伊士曼和詹姆斯·艾達姆斯成爲終生的密友。

在法國的里昂市經營餐廳的克羅多．摩雷就沿用了此一原則，而使倚重的職員打消了辭職的念頭。該職員五年來在摩雷氏及二十一位職員間擔任重要的疏導工作，摩雷氏在她呈上辭職信時是十分震驚的！

摩雷氏做了如下的報告——

「我很驚訝，事實上，更感到失望。我自認為一直善待她，儘量滿足其需求，可說是待之如友，多年來她一直是我最倚重的幹部。

「在沒有合理說明的情況下，我叫她過來，說：『波蕾多小姐，我不能接受妳的辭呈！妳可知道，不論對我或對公司來說，妳都是無法替代的！這家餐廳能順利的經營下去，撇開我的努力不談，妳的協助絕對是必需的。」

另外，我也在全體職員面前重複相同的話，接下來請她到我家中，也在家人面前重複對她信任的話。

「波蕾多因此取消了辭呈。我比以前更信賴她，她也更加賣力。即使現在我也常向她致謝，設法讓她領悟到她對我及餐廳來說是多麼重要。」

「與人談話時，若以對方的事為話題，對方必定側耳傾聽。」

——這是大英帝國史上一位最靈敏的政治家狄斯雷里的話。

因此，受人歡迎的原則之六——

讓對方感到自己重要——並且要有誠意。

〔備忘錄〕

受人歡迎的六個原則——

原則1 獻出真心。

原則2 笑逐顏開。

原則3 記住：世上最悅耳的聲音是他的名字。

原則4 做一個優秀的傾聽者，鼓舞別人多談他自己。

原則5 談別人最關心的事。

原則6 滿足對方的重要感。

「第二部　説話的藝術

——打動人心的十二個技巧」

1 即使吵贏也輸了全世界

第一次世界大戰之後，某天夜晚我在倫敦得到一個寶貴的教訓。當時我是飛行家羅斯．史密斯的經理。大戰中，他在巴基斯坦是赫赫有名的澳洲空中勇士；戰後用三十天飛行世界半圈，令世人大爲震驚，因爲這在當時是破天荒的壯舉。澳洲政府給他五萬美金，英國國王談論他，一夜之間成了大英帝國的熱門話題。

某夜，我參加爲他舉行的宴會。當全部的人都就座時，我旁邊的男士說了一則幽默的故事，且引用了一句經典。他說：「人類不修邊幅，神明請給我修飾。」

這位男士說這是聖經上的句子。他錯了，我很清楚它的出處。於是，爲了滿足自己的重要感以及誇耀自我的優越，我立即指出他的錯誤。

想不到，對方勃然大怒的說：「什麼，這是莎士比亞的話？不可能！笨蛋！是聖經裡的話，絕對錯不了的！」

這位男士坐在我的右邊，而左邊是我的老友法蘭克．卡蒙特先生。卡蒙特恰好是研究莎士比亞的專家，因此我就請教他。在聽完我們雙方的意見後，他偷偷於桌下踢我的腳——

「戴爾，是你錯了。這位先生是正確的，因爲那確實是聖經上的。」

當宴會結束踏上歸途時，我對他說：「法蘭克，那明明是莎士比亞說的，你應該非常清楚，不是嗎？」

「沒錯，的確是的。是《哈姆雷特》第五幕第二場的台詞。但是戴爾，我們是被招待的客人呀，爲什麼你非證明他是錯的不可呢？你應該考慮一下對方的面子問題呀！何況對方又沒有問你的意見，根本就不想聽你的看法，這有議論的必要嗎？不管在什麼場合，還是避免尖銳的對立比較好。」

這位朋友給了我終身難忘的教訓。我不只讓那位引用經典的朋友難堪，甚至也讓我的主人朋友爲難，我竟不知不議論他人要比什麼都好。

因爲我從小就酷愛辯論，所以這個教訓是相當適切的。年輕時，我同哥哥辯論世上一切的事物；上了大學，研究邏輯和辯論學，參加過討論會，因此老愛講道理，凡事非要證據擺在眼前，否則絕不輕易認輸。不久後，又在紐約教授辯論術。現在想起來就覺得直冒冷汗，當初竟還計畫寫那方面的書。此後，我盡力去傾聽不同場合的議論，然後逐漸發現，要贏得議論的最好方法只有一個，就是避免議論；要像躲避毒蛇或是地震那樣避開這些爭論。

爭論幾乎不可避免的——會讓雙方更堅決相信自己的意見是對的。

在脣槍舌戰、你來我往的爭論上，要獲得勝利是不可能的。輸了，固然是輸了，但即使是贏了，也還是輸了。

爲什麼呢？——如果把對方徹底打敗，結果被打敗的一方會有自卑感，因爲自尊心受到傷害。以致你即使贏得辯論，卻贏不到他的心。

記住：「即使把一個人駁倒了，也無法改變他的想法。」

帕特立克・歐哈先生曾參加我的講習會。他沒受過什麼教育卻好辯成癖。以前他是汽車司機，因爲一直想當貨車的銷售員，曾試過但並不行，於是就來參加這個訓練班。幾句問話就看得出他很容易和顧客起爭執：一味吹噓，談生意時，客人一挑毛病，他就大爲光火。因此，一旦口舌爭論，大多是他大獲全勝。

正像他以後告訴我的：「當走出對方的辦公室時，我就會自言自語說：『怎麼樣，沒賣出吧！』確實，車子的確是沒有推銷出去。」

最初我是訓練他不要爭論，而不是教他說話的方法。

這位先生現在已是紐約某大汽車公司有名的推銷員。他說：

現在，當我去推銷，如果顧客說：「什麼？是懷特牌的車子，那不行！即使免費送我，我也不要。我喜歡的是××牌的車。」

此時我就回答：「××公司的貨車的確不錯，公司規模也很大，推銷人員更是一流。所以，您買他們的車準錯不了的！」

因此，顧客沒有再說什麼，其實也無爭論的餘地。對方說某某公司是最好的，而我也附和他，既然對方已經同意了，就沒有必要辯論哪個公司是最好的。因而，我就話題一變，開始說我們公司貨車的好處。

要是以前，遇到這種情況，我會馬上生氣，而開始批評××公司。我越是生氣，顧客就越袒護那家公司，然後就愈覺得那家公司的產品的確不錯。

現在回想起來，連我自己都覺得可笑。以前的我，總是與人爭執而大受損失。現在閉口不談之後，反而賣得很好。

班傑明・富蘭克林說：「在爭辯中，有時好像贏了對方。但是，那是空洞的勝利——因爲那絕對無法贏得別人的好感。」

因此，請各位好好想想：獲得理論上的勝利好呢，還是獲得對方的好感好呢？——兩者幾乎是不能兼得的。

波士頓《文摘雜誌》上有一次刊出一打油詩，卻意味深遠：「威廉長眠於此，他爲自己的正確意見而死——他是對的，十分對的。但他的死，卻像是一個錯誤！」

因此，不管你做了多麼正確的辯論，即使贏了也不能改變對方的心意。這和辯輸了沒有任何差別。

所得稅顧問菲狄克某天和稅務稽查員爭論稅金問題而花了一個鐘頭的時間。那是一項九千美元的帳，菲狄克認爲已經形成呆帳，永遠無法回收，因此不應該課稅。對方卻說：「呆帳，瞎說！當然要課稅。」

於是，菲狄克就在我的班上把當時的對話公開了出來。

「這位稽查員冷酷、傲慢，而且頑固。儘管我說破了嘴，舉出了事實，他都不接受。但爭論愈久，情緒就愈激動，所以我就停止了爭論，改變話題，決定去稱讚他。我就說：『說真的，你的工作實在很了不起！像這樣細微的事情，以至於重要且困難的事都要去處理。我也從事買賣，現在學一點租稅的常識，但這些只不過從書上所得的罷了，而你卻是從實際的經驗上獲得的。我也很佩服你這樣的工作。』這些都是我的真心話。

「於是，他在椅子上挺直身子，開始揚揚得意地談他自己的工作。談到檢舉一些特殊漏稅的事件時，他的語氣便慢慢緩和下來，甚至還談到他孩子的事。當我要離去時，他告訴我他會好好想想那些有問題的帳目，而且他會在兩、三天內給我一個答覆。三天後，他來到了我的辦公室，告訴我稅金就按照原來申報的方式處理。

「這位稽查員顯露了人類最普遍的弱點，他需要一種被重視的感覺。和菲狄克爭論時，由於他維護了權威肯定了自己。因此，他就變成一個可親的人了。」

釋迦牟尼說：「憎恨不能消滅憎恨，而是因爲愛才得以冰釋。」誤會往往會因爲爭議而永遠不能消逝；誤會卻因機智、安慰、憐恤以及體貼對方而化爲烏有。

林肯曾責備一位和同事爭吵的青年軍官：

「努力向上的人，沒有空去與人爭吵。而且，更不能承受不愉快及失去自制力的結果。在只有五分道理的情況下，無論多麼重大的事，都應該禮讓對方；即使你有十足的道理時，小事還是禮讓對方的好。狹路逢狗，與其與狗爭道以致被咬傷，莫如讓道與狗，因爲即使你把牠宰了，也不能治癒被咬的傷口。」

《沉思錄》書中提到「避免爭辯」的方法——

1. 對不同的意見表示歡迎。

——應該記住，如果兩個人的意見總是一致的話，那麼，少了其中一人也將是無關緊要的。若有人指出我們所沒看到的缺點時，就該好好感謝他們。因這些諍言往往是防止重大失敗的關鍵。

2. 不能被自我防衛本能所驅使。

——在不愉快的情況下，最先產生的就是維護自己的本能。因此，必須冷靜，並謹慎最初的反應。才不致顯露最邪惡的一面，而隱藏住你最善良的一面。

3. 不能生氣。

——爲何事而生氣呢？由此可以看出你度量的大小。

4. 傾聽對方的話。

——讓對方暢述自己的想法。反駁對方、自我辯護以及一味的爭吵，徒然拉長自己和別人的距離。請努力架設理解之橋，互相體諒是重要的；而加深彼此誤會衝突則愚蠢之至。

5. 探尋意見相同之處。

——聽完對方的主張之後，首先要找出自己贊同之處。

6. 要坦誠、率直。

——找出自己錯誤所在，坦率承認並表歉意。如此才能解除對方的敵意，緩和其防禦之心。

7. 試著好好思考對方的意見，而確實去實踐它。

——因爲或許對方較爲正確。能一開始就嘗試著仔細思考對方的意見，要比頑固地堅持己見的好。

8. 由於反對可以顯示對方相當關心，所以應該感謝才對。

——願意花時間來告訴我們反對的意見，表示與你有同樣的關心。所以不妨將對方想成你的幫手，這樣一來，也自然能化敵爲友了。

9. 避免貿然的行動，應給對方沈思的時間。

——例如，再度考量，然後再提出問題的關鍵。

爲了這次的討論，試著讓自己面對如下的問題——

真是對方錯嗎？應該也有一點道理吧？難道對方的主張沒有一點道理與

優點嗎？而我的意見對問題的解決真有幫助嗎？或只是在一吐心中悶氣？我的反駁使對方遠離了我，還是親近了呢？能從其他人中得到好感嗎？我到底是贏了，還是輸了？若是贏了，我又為此付出了什麼代價？若不加以反駁，爭論會再繼續嗎？這難道不是千載難逢的機會嗎？

歌劇演唱家傑．畢斯結婚已五十年。他曾告訴我：「我們夫婦曾訂了一個協議，不管有多麼生氣的事都要繼續遵守：如果其中一個人開始吵了，另一個就必須保持沈默且耐心傾聽。因為要是兩個人都吵起來的話，不一會兒就會失去理智，只有製造滿室的噪音及空氣的震動罷了。」

打動人心的技巧之一——

贏得爭論的唯一方法——避免爭論。

2 不要直接告訴他錯了

當年老羅斯福總統在白宮的時候，他自己承認假如每天的言行有百分之七十五是對的，那就算他達到最高的希望標準了。

假如那是廿世紀一位最傑出的人所能達到的最高標準，那麼你我又如何呢？

如果你能確定保有百分之五十五正確的時候，那你就大可走向華爾街，一天賺上百萬，而對於未擁有百分之五十五正確的人們來說，他又有什麼資格去指摘別人的錯誤呢！

即使是眼神、口氣、姿勢等等，也能夠用來指謫一個人的錯誤，這和直率地將對方痛罵絲毫沒兩樣。那究竟是爲了什麼指謫對方的錯誤呢？——是爲了得到對方的同意嗎？毫無道理！當一個人的智慧、判斷、自豪、自尊心受到打擊時，他心裡想的是要「堅持」反擊回去，絕不能使他的意見有一些改變。你可以搬出柏拉圖及康德的邏輯學來同他講道理，但你仍然無法改變他的意見——因爲受到傷害的，不是理論，而是感情。

「那麼，我就向你說明那個原因吧！」

這樣的開場白是忌諱的，這和「我的頭腦比你好，讓我好好地說給你聽，改變你的思想吧！」的說法，是一樣的。

那簡直就是在挑戰。會引起對方的反抗心，你一開口，對方馬上做好應戰準備。即或是在最溫和的情形之下，想改變人的意見也是不容易的，遑論在更難堪的情形下了！爲什麼要置自己於不利的地位呢？

如果想說服別人，要在不被對方發覺時敏捷而巧妙地進行。

關於此，亞歷山大．保布（**一六八八至一七四四、義大利詩人**）這麼說：「人們頗願意接受教導，那要像是你並非在教導他；人們所不知道的事，提醒他，說是他忘記了的。」三百多年前，加利雷歐也說過：「沒有辦法教授別人事物，只能自己察覺來幫助自己。」

契斯達普德（**一六九四至一七七三，英國的政治家、外交官**）在給兒子的庭訓中，有如下一段話：「要比別人更聰明，假如你能的話。但是，不要向別人炫耀自己的聰明。」

我現在幾乎不相信二十年前我所相信的任何事物——除了九九乘法表；甚至當我在讀愛因斯坦的書時，也開始懷疑。再過二十年，我可以不知道我在這本書中所說的話，我現在對任何事情不像從前那麼確定了。蘇格拉底曾反覆地對他的雅典門徒說：「我所知道的唯一事情；就是我什麼都不知道。」

好了，我不敢希望比蘇格拉底更聰明；所以我不告訴別人，他們錯了。而我覺得那是值得的。

如果一個人所說的話你以爲是錯的——是的，甚至你知道是錯的——這樣說不是比較好嗎：「那麼，現在咱們來研究一下，我是有另外一種想法，但也可能錯了，我常弄錯！如果我錯了，我願意改正。我們來討論看看吧！」

下面這句話是奇妙的：「我也可能錯了，我也常會弄錯，我們來查驗一下事實吧。」

在天上、地下、水裡、火裡，絕對沒人會反對你說：「我可能錯了，我們再來討論看看吧！」

有一次，我訪問史蒂芬生，他是著名的探險家，科學家，曾在北極圈附近住了十一年，有六年除了肉和水之外，絕對沒有吃任何別的東西。他告訴我他所進展的某一個實驗，我問他想藉此來證明什麼？我永遠忘不了他的回答。他說：「一個科學家絕不是要證明什麼事；他只企圖要找尋事實。」

你喜歡你的思想能科學化，是不？那麼，除了你自己外，沒人會阻擋你。承認你可能錯了，你就永遠不會遇到麻煩。那會停止所有的爭論且激起別人和你一樣的公正、公開、氣量大。那會使他願意承認他可能錯了。

在蒙大拿州有個買賣汽車的男人，應用了這個方法。根據他說：「販賣汽車，每天精神都非常疲累，以致對於客人的抱怨也往往會有粗暴的反應，甚至是勃然大怒。商談破裂之後只留下不愉快的情緒。前途黯淡的我，開始考慮要使用新方法。例如，何不試著向客人說：『實在很抱歉！儘管我們以顧客至上，盡力做到最好的服務，但仍難免有疏忽的時候，這次，也許也是考慮欠周，如果還有仍待改進之處，尚請批評指教！』因此，對方也能坦誠相待，終能把事情通情達理的圓滿解決。對於我的「講理的態度」，客人總是心存感激，甚至有兩位還介紹朋友來。

「在競爭激烈的汽車銷售業裡，那樣的客人是比什麼都值得感謝的。我認為：只有尊重客人的意見，慎重對待客人，才是在激烈競爭中的致勝之道。『或許是我的錯誤吧！』這麼說，就沒有麻煩的隱憂。以這種態度待人，別人也會學習你，自我反省『或許、可能是我的錯……』回饋你的也是一種寬容、合理的態度。」

如果你確實知道一個人錯了，粗率地告訴他，那麼會怎樣呢。

舉一個特殊的例子吧，施洛先生是紐約一位年輕律師，最近在美國最高法院辯論一件相當重要的案件。該案件牽涉到一筆巨額的錢和重要的法律問題。

在辯論時，最高法院的法官對他說：「海軍法限制法規是六年，是不是？」

施洛先生停了一下，注視法官一會兒，然後粗率地說：「法官閣下，海軍法沒有限制的法規。」

「庭中突然寂靜無聲……」

施洛先生在作者訓練班中敘述他的經驗時說：「而法庭中的溫度似乎降到冰點。他是對的。法官——錯了。而我已如此的告訴他。但那樣能使他友善嗎？不，我還相信，我有法律爲依據。而且我知道我說的比以前還要好；但我欠缺說服力。我犯了大忌，告訴了一位極有學問而又著名的人他錯了。」

極少人是行爲合理的，我們大部分人都是自私，有偏見。都因嫉妒，猜疑，害怕，猜忌，驕傲而遭挫折，且大多數人不願改變他們的思想，例如，對宗教或髮型或共產主義或克拉克．蓋博的意見。

所以如果你有指出別人錯誤的傾向，請在每天早飯前跪下來讀下面這段文字之後再做決定。這是從魯賓遜教授的啓發性書籍《未完成的思想》一書中節錄下來的——

我們有時候在毫無壓力下很輕易地改變我們的想法，但一旦有人告訴我們有錯時，我們就會對此指責感覺不快而硬起心腸來。我們在不自覺的情況下堅定信仰，但當任何人要我們取消信念時，我們卻會對那信念格外執著。明顯地，不是信仰本身使我們覺得可貴，而是受了自尊心的威脅……

這「我的」兩字在人事中是最重要的，而能適當的加以慎重處理，就是智慧之源。無論是「我的」餐點，「我的」狗，「我的」房子，「我的」父親，「我的」國家和「我的」上帝，都有相同的力量。我們不只對指責我們的錶不準，或者我們的汽車不夠體面的事感覺不快……

我們喜歡繼續相信我們所慣於接受的事物是真實的，而當我們的假定被懷疑時，將激怒我們去尋求，各種理由去固守它。結果是我們所謂的理智大部分都用在尋求證據，為的是要繼續相信我們已相信的事物。

真心了解一個人是無可估計的困難，相對的，卻也有無可估量的價值。然而，通常我們對別人所說的一切，在未理解前，首先就給予評價，不是武斷地說：「正是那樣」、「真蠢」、「異想天開」，就是自以爲是地指責「真過分」、「毫無道理」。而對於對方真正的意思卻毫無理會。

有一次，我僱來一位室內裝潢師，爲我家做了一些窗帘。當帳單送來時，我嚇了一大跳。

幾天後，一位朋友來訪，看到窗帘，問及價錢後，以勝利的口氣大叫道：「什麼？那太可怕了。我恐怕你是上了他的當。」

真的嗎？是的，她說了真話，但很少人喜歡聽由他人的判斷所反應出來的真話，所以，做爲一個普通人，我設法自衛。我堅持說是好東西還算便宜啦、一個人不能希望由廉價的價格得到品質好而又有藝術風味……等等。

第二天，另一位朋友乘便過訪，充滿熱心地讚賞那窗帘，並且表示她希望有能力在她家裝設如此優雅的作品。我的反應完全不同。

「說真話，」我說：「我也付不起，我買得太貴了。我很後悔買了這些！」

當我們錯了時，我們或許會自我承認。如果我們溫和技巧的處理，我們或許對別人承認錯誤，甚至爲我們的坦白爽直而自豪。但如果別人要把這不快的事情硬塞到我們的身上，那則行不通……

美國內戰期間一位著名的編輯格里萊，激烈地反對林肯的政策。他相信他可以用爭辯、譏笑、辱罵的方法使林肯同意他。事實上，在林肯被布斯所刺殺的那晚，他還寫了殘忍、嚴厲、諷刺的人身攻擊的文章。

但所有這些諷刺使林肯同意格里萊了嗎？一點也沒有。

想要改變他人，諷刺和辱罵是絕對辦不到的！

如果你要一些關於與人相處、管理自己的改進人格的好建議，那就去讀富蘭克林自傳——那是所有傳記中最有趣的一本，也是一本美國的文學名著。從圖書館借一本，或在就近的書店買一本。

在這本傳記中，富蘭克林說到他如何克服爭辯的惡習，而使自己成為美國歷史上一位最能幹、和藹且善於外交的人。

當富蘭克林是一位常犯錯的青年時，有一天，一位老教友把他拉至一旁，用幾句尖酸刻薄的話諷刺他，內容大概是這樣的——

「賓，你真是令人吃不消。你的意見對於和你的意見不同的人是一種侮辱，你的意見已太不實際，沒有人會理會了。你的朋友會覺得當你不在場時，他們比較快樂。你知道的太多，所以沒有人能告訴你任何事了。事實上，也沒有人願意嘗試，因為所費的努力只能引起不舒服的感覺。所以你再不可能知道得比現在的還多，而就你現在所知道的，實在是極少的。」

我對富蘭克林所知道的一件最好的事，就是他接受那尖銳的責備。他已夠大且夠聰明到知道接受真理，能意識到前途的危機和社交的不幸。所以他就改變方向，立刻開始改變他傲慢、頑固的態度。

「我訂了一條規則，」富蘭克林說：「容忍所有對別人情感的直接反駁，和所有的武斷主張。我甚至禁止自己使用每一個字，或在語言中表示一種固執的意見的字句，例如，『確定的』、『無疑的』等等，而我採用『我以爲』、『我料想』或者『我想像』，一件事是如此如此；或『目前我覺得是如此……』來代替。

「當別人硬說些我以爲不對的話時，我拒絕自己粗暴地反駁他，和立刻指出他的主張有些不合理的樂趣，我開始說，在某種情況下他的意見是對的，但在目前的情況下，我以爲似乎有些不同等等。不久我就發覺這種態度的改變所得的益處——有我加入的談話進行得更愉快。我以謙虛的方法提出意見，使他們更容易接受且更少反對：當我被人發現錯誤時，已較少懊惱，且更容易說服別人放棄他們的錯誤而同意我碰巧正確的意見。

「用這種方法，起初和自然本性有激烈的抵觸，後來終於很容易就習慣了，那也許是過去的五十年來，沒有人曾聽我說過一句武斷的話的緣由。由於這種習慣（**除了我的品格完整外**），當我早年在提議新的事業或改革舊的事物時，都能受到民眾的重視，當我成爲議員時，我在大眾會議中亦具有影響力；因爲我只是不善言辭、沒口才、用字猶豫、語言不甚妥切；但一般說來，我是達到目的了。」

富蘭克林的方法，用在商業上效果如何？

紐約自由街一百十四號的馬洪尼，出售油業交易的特殊設備。他已爲長島的一位重要顧客訂了一批貨。藍圖已請求批准，而機件正在製作中。然而一件不幸的事發生了，這位買主和他的朋友們討論這件事，他們警告他犯了一項嚴重的錯誤，說他上當了，且所有的訂貨都錯了。它太寬、太短、太這樣、太那樣。他的朋友們使他苦惱而發起脾氣來，於是就打電話給馬洪尼，拒絕接受正在製造中的裝備。

「我非常細心地檢查各項事件，知道我們確實沒錯。」馬洪尼敘述故事時說：「而且我也知道他和他的朋友完全不知道自己在談論什麼，但我意識到如此告訴他是危險的。所以我到長島去看他。走進他辦公室時，他跳了起來，急促地向我走來，他很激動，說話的時候頻頻揮著拳頭。他責備我和我的機件，末了他說：『好吧！對於這件事你怎麼辦？』

「我極冷靜地告訴他，他所說的我都會照辦。『你是付錢的人，』我說，『所以你當然應該得到你所要的，無論如何，總要有人負責。如果你認為自己對，給我們一張藍圖，雖然為了你這件裝備我們已花費了二千元，但我們可以取消，我們願意損失二千元使你滿意。不過，我要警告你，如果我們按你的意願所做的機件，你必須負責。如果你讓我們按照原訂計劃進行，我們仍相信不會有錯，且我們會承擔一切的責任。』

「此時，他已平心靜氣了。最後他說：『好吧！按照原計劃去進行吧；但如果不對，希望上帝幫助你。』」

「機件是正確的，而本季他已答應再訂製兩批相同的機件了。」

「當此人侮辱我且在我面前揮動拳頭，告訴我我不懂我的職務時，我盡力自我控制，而不爭論，不自我辯護。它需要許多自制力，但都是值得的。如果我告訴他，他錯了，且開始爭執，可能會引起法律訴訟，厭惡感，經濟損失並失去一位重要的顧客。是的，我深信告訴一個人他錯了，是不值得的。」

我們再舉另一個例子——記住，我所舉的這些例子是數千人中的典型經驗。

克勞萊是紐約泰勒木材公司的推銷員。克勞萊承認，他已經告訴老練的木材檢查員好幾年他們錯了。但只贏得爭論，一點好處也沒有。

「因爲這些木材檢查員，」克勞萊說：「像棒球裁判員。一旦他們決定了，就永不改變。」

克勞萊知道。縱然他辯論得勝，但公司損失仍難以估計。所以當他選修我的課程時，他決定改變政策，放棄爭論。結果如何？下面是他對班上同學所說的故事：

「有天早晨，我辦公室的電話鈴響了。一位盛怒煩躁的人在電話中告訴我，我們送到他工廠的一車木材，他完全不滿意。他的公司已停止卸貨，並要求我們立刻安排將木材從他們的工廠運出。在卸下貨物四分之一的時候，他們的木材檢查員說，木材在標準百分之五十五的等級以下。在這種情況下，他們拒收。

「我立刻抵達他的工廠，在路上，我考慮著處理這個局勢的最佳方法。平常在這種情況下，我就會引證等級規則，並設法以自己當一位木材檢查員的經驗和知識，使那位檢查員相信木材確實是等級之上的，而他在檢查時誤解規則了。但我想我還是應該運用在班上所學的原則。

「當我到達工廠的時候，我看到採購人和木材檢查員都繃著臉，情緒惡劣地準備爭吵。我們走到正在卸貨的車旁，我要求繼續卸貨。如此我就可以看見事情的發展。我請求檢查員照常進行，把拒受的木材放置一邊，而把好的放在另一堆。

「看了一會兒之後，我開始漸漸明白，他的檢查實在太過苛刻，而又誤解了規則。這種樅樹是種特殊木材，我知道這位檢查員對於硬木知識十分充足，但是對於樅樹卻不是一位能勝任、有經驗的行家，而樅樹正好是我的特長。但我可以對他分級的方法加以反對嗎？絕對不行！我繼續觀看，慢慢開始發問為什麼某些木材不滿意。我沒有立刻暗示這位檢查員錯了。我強調發問的唯一理由是，我確實知道他的公司所需的東西以便將來送貨正確。

「我以一種極為友善而合作的態度發問，並繼續堅持他們把不滿意的木材擱在一旁是對的，我因此使他們興奮起來，而我們之間的緊張關係開始消失而和平起來。我偶爾小心地說出使他心中引起此種意念的話，也許在被排斥的木材中，有些實際上合乎他們所買的標準，而他們所需要的是要求更貴的貨品。但我很小心，不讓他以為我正要指責出這點。

「漸漸地整個態度改變了。最後，他對我承認他對於樅樹沒有經驗，而當每一塊木材由車中拿出來時，他就開始向我發問。我就解釋為何如此的木材是合乎標準規定的，但還是繼續堅持如果不合乎他們的要求，我們就不要他們接受，以致於最後他對那一堆拒收的木材有罪惡感。最後他看出來錯誤完全出於他們那一方面，因為在訂單上他們沒註明要上等木材。

「在我走後，他再重新檢查整車的貨物，結果是全部接受，而我們也收到一張全額的支票。從這件事來看，一點小機智和決心避免告訴別人他錯了，就為我的公司省下了一百五十元的現金；而保留了好感，更是難定金錢的價值了。」

順便提及，本章並未透露什麼新方法。

十九世紀以前，耶穌曾說：「趕快同意你的敵手。」

換句話說，不要和你的顧客或你的對手爭論。

不要告訴他錯了，但是要使用些外交手段。

在基督降生的兩千二百年前，埃及法老王阿契多給他兒子一些機靈的建議——現今急需的建議——四千年前阿契多有天下午飲酒時說：「要使用外交手段，那會使你達到目的。」

所以，如果你要說服人、贏得別人同意，請千萬記得——表示尊重別人的意見，絕不可直接告訴對方——他錯了。

3 錯了沒關係，坦誠就好！

我家附近有個原始森林，春天一到，白色小花盛開，松鼠忙著築巢孕育小松鼠，雜草長得高而茂盛。這個原始林叫做森林公園。那真是一片森林，光景大概與當時哥倫布發現美洲時沒有兩樣。

我經常帶著哈巴狗萊克斯到那兒散步。萊克斯怕生但不會咬人，由於在林內很少遇見人，所以我就沒有給牠繫牽繩及加口罩。

某一天遇到公園內的騎馬的警察，一副急於賣弄權威的樣子：

「爲什麼連口罩也不戴就放狗出來呢？你難道不知道這是違法的嗎？」

被責問時，我就平靜的回答：

「是的，我知道。但是這隻狗不會給人們帶來危險，所以我認爲沒有關係。」

「你認爲！爲什麼是用你認爲?!法律還管你怎麼認爲！或許牠會咬死松

鼠或小孩，今天就放過你，下次再讓我看到，那就到法院去說好了。」

之後，我就非常小心而且很老實地照規定做。

不過幾天之後，這隻狗厭煩了口罩，而我也不喜歡，所以就決定碰碰運氣。起初果然很幸運，但是該來的日子總是會來的。當我和萊克斯爬上坡道時，那位嚴格的法律守護者騎著栗色馬兒赫然出現了。我有些慌，但萊克斯什麼也不知道，還一直往警官的方向跑去。

事情愈加棘手起來，因為騎虎難下，於是不待他開口，我就先說：

「終於以現行犯被抓了。警官，這是我的錯，沒有什麼可說的了——因為上個禮拜你就警告我了，如果再有相同的情況就非罰款不可。」

「嗯，但附近沒人之時，想放開這麼小的狗也是人之常情！」奇妙的是，警官的聲音平靜而溫和。

「雖然沒錯，但是法律就是法律！」

「但像這麼小的狗，應該不會危害任何人的！」警官竟反而替我辯護起來。

「不，牠也許會咬松鼠。」

「你想得太多了。你就帶著牠往坡道上去，不要讓我看到也就算了。」

警官也是人，當然也想要有被重視的感覺。在我承認錯誤時，滿足他的自尊心的唯一方法就是——要原諒我的過失，以示他的寬懷大量。

但當時我要是逃避的話——如果硬要和警官爭論，後果將會如何，我想讀者應該很清楚才對。

我以肯定對方完全正確消弭了一場激烈的爭論，且果斷而誠懇的立即認錯，於是雙方開始禮讓；我站在他的立場，他站在我的立場談話，事情就輕易解決了。曾以法律權威威脅人的警官，一週後變得如此親切，豈不令人吃驚！

要是知道自己的錯，在被對方教訓之前先責備自己，不是比較愉快嗎？與其受人責備，不如先自己批評，心情要好得多了。

如果知道是自己的錯，應先替對方說出要說的話。如此一來，對方就無話可說了。往往對方會寬容大量的原諒我們的錯誤，就像騎馬警官原諒我和萊克斯一樣。

商業藝術家費狄南・威廉就曾用這個方法，獲得愛挑剔的顧客的好感。「廣告和出版用的書，詳盡與正確是很重要的。」

威廉先生先作了這個引子——

藝術編輯員中，常有被催訂購作品的事，因此經常會發生小錯誤。我認識一位廣告社主任，以吹毛求疵為樂。我時常很不愉快的走出他的辦公室；不是因為他的批評，而是因為他的批評方式。

最近我交給他一份急件，不久他就來了通電話，說是有什麼錯誤。於是我跑到辦公室去，不出所料，他正等著我；一看到我，就不由分說講了一堆嚴厲的批評。

應用研究過的自我批判的機會來了。我於是說：「要是您說的是真的，那就是我的錯。我也不想辯解什麼。不過長期受到您照顧，應該知道如何做得好些，所以我實在覺得不好意思。」

想不到，他聽了之後，突然為我辯護了起來：「好像是的，不過也不算很大的過失，只是有點……」

我馬上插嘴說：「任何錯誤都是很嚴重的。事實上，即使是小缺失，也是一件討厭的事情。」

他說沒什麼關係，而我在一開始就承認自己錯誤時，心中頓然感覺舒暢。

我繼續說：「我是應該更加小心，因為您帶給我許多工作，所以我更應該竭盡全力。這件工作我再重新改正。」

他讓步說：「不！不！我不想給你添麻煩了！」然後誇獎我的畫說只要稍加修改就可以了。由於我所犯的錯誤並不會造成什麼損失，畢竟只是小問題，所以也就比較不擔心。

當我真的開始自我批判時，對方的態度就緩和了。最後還邀我共餐，這件事就此結束了。分手前，他還給我支票和另一件工作。

坦承錯誤的勇氣中，含有某種滿足感。它不只解除了自己的罪惡感和自我防衛的緊張情緒，也對解決錯誤所生的問題有所幫助。

新墨西哥州阿爾巴加基市的普爾斯．哈恩，有一次超付請病假的員工之借支。

他於是向該員工說明，希望從下次的薪資扣除。但這麼一來，該員工的生活將會陷入困境，所以懇求從月薪分期扣除。但這必須經過經理同意才行。

結果如何呢？哈恩說：

「如果到經理面前據實以告，他會氣得暴跳如雷。我因爲是自己的過失，就下決心告訴他實情。當我一五一十報告，自承錯誤後，他語氣相當激動地說是人事部的過失，於是我又重複解釋是我自己的錯時，他非常生氣地責罵是會計沒有盡到責任。我又再次說明完全是自己一個人的過失。而這次成爲受責備的對象是我的兩位同事。我不得不再次重申是我自己一個人的責任，這次他只好同意說：『好吧，就算是你的錯！』

「由於我並未嫁禍給任何人，也沒有給任何人帶來麻煩。而就我自己來說，不逃避責任的面對問題，也使我產生了誠實的滿足感。而且自此事後，經理對我另眼相看、照顧有加。」

不管多麼傻的人都會儘量逃避過錯，事實上，也唯有傻瓜才這麼做。自承過失是自我提升，那是一種高潔的感覺，更是一件愉快的事情。

南北戰爭的南軍總司令李將軍傳記上有一則美談。蓋茨堡一役是其部下畢格特將軍所發起的突擊行動，失敗後，李將軍卻一肩挑起這個責任。

此次的突擊戰，在西洋戰史上是史無前例的，相當壯觀。畢格特將軍英姿煥發，赤褐色的頭髮幾乎披肩。在戰線上，他還每天寫著熱烈的情書。

在一個決定性的午後，他快活地騎上馬、帽子斜戴在右耳上，精神煥發的展開攻擊。忠實的部下們歡呼雀躍。軍旗在風中飄揚，兵器燦爛奪目，軍隊跟在將軍身後。那實在是相當壯觀的景象。就連敵軍也都發出讚嘆之聲。畢格特突擊隊越過山嶺、越過原野，衝勁十足……

當他到達塞麥達里．奈吉時，北軍突然出現了，對畢格特軍隊作猛烈的攻擊。塞麥達里．奈吉的山丘頓時成爲一片火海的可怕戰場。數分鐘後，畢格特軍隊的指揮官只剩下一人，軍士喪失了五分之四。

最後北軍的阿米斯特率領殘餘士兵作最後的攻擊。他跨過石牆用劍梢挑起帽子，大聲吆喝：「殺呀，孩子們！」

他們越過石牆，闖進敵陣南軍混戰。最後終於將南軍戰旗豎在山脊上。這是南方盟軍最光榮的一頁記錄。

畢格特的突擊作戰輝煌而壯烈，卻也是南軍末日的開端。李將軍失敗了，他了解再無法挽回頹勢。南軍的命運於是注定了。

頹喪的李將軍悲痛地向南方政府總統傑弗遜．戴維斯提出辭呈，請求另派年輕有爲的將領來。要是李將軍想把畢格特突擊作戰失敗的責任歸咎他人，大可找出一大堆理由，例如有些師長不勝任、騎兵到達太遲而無法協助騎兵突擊等等。

但他是一位高潔的人。在前線迎接敗北的畢格特軍隊士兵的李將軍，只是一味自責，那是一種相當了不起的態度。他對士兵說：

「這完全是我不好，是我一個人戰敗了。」

歷史上很少有這種勇於承擔的人。

艾伯特．哈巴特，相當獨特的作家，尖銳性的文字最易引發人們強烈的憤慨。但那些刺激性的尖銳文字，常引起強烈的反感及猛烈的攻擊，但因他處理得當，因此常有化敵爲友的情況。

譬如，讀者提出強烈抗議時，他經常如此答覆：「事實上我自己對這問題也感到相當的懷疑。我昨天所寫的，到今天不見得能完全同意。您的意見，實在深得我心。下次有機會請駕臨寒舍，我們再詳細談談。」

當人家這般待你時，你還有什麼話說！

在對的時候，要很親切的、巧妙的說服對方。錯在自己時——只要是出於誠意而發生的——請趕快坦承。這個方法有出乎預料的效果，而且與其努力的辯解，還不如以此種方式解決來得愉快得多。

「敗中取勝」——爭奪永遠得不到滿足，但謙遜往往能超出你所希望的。

打動人心的原則之三——

如果你錯了，就馬上承認吧！

4 以友善的方式做為起點

假如你在盛怒之下，你儘可對別人發作一番，你的怒氣也隨之消失，心中也高興了。但是別人怎樣呢？你的高興他能分享一點嗎？你那挑戰的口氣，敵對的態度，會使他甘心贊同你的意見嗎？

威爾遜總統說過：「假如你握緊兩隻拳頭來找我，我想我可以告訴你，我會把拳頭握得更緊；但假如你找我來，說道：『讓我們坐下商議一番，假如我們之間有意見不同之處，設法看看原因何在，主要的癥結是甚麼？』我們會覺得彼此的意見相去並不十分遠。我們的意見不同之點少，相同之點多，並且只須彼此有耐性，誠意和願意去接近，我們不難完全相合的。」

威爾遜這段話的真理，再沒有比小洛克菲勒更虔誠的信仰了。

一九一五年小洛克菲勒（**石油大王的兒子**）被科羅拉多州人所憎恨。美國工業史上流血大罷工一直震撼該州達兩年之久，憤怒的礦工要求煤鐵公司提高工資，那家公司正是小洛克菲勒管理的，財物被破壞了，請出軍隊來彈壓，數度發生流血事件，罷工工人被擊斃甚多。

在這種充滿了仇恨的空氣裡，小洛克菲勒打算說服罷工的工人聽從他的意見，而且他也成功了。他是怎麼做到的呢？

首先，他和他們先交了幾個星期的朋友，然後小洛克菲勒對罷工運動的代表演說。這一篇演說真是一大傑作，發生了驚人的效果，把工人們對小洛克菲勒的憤恨怒潮完全撫平。並且使許多人都佩服小洛克菲勒，那篇演說以友好的態度表達出，結果使工人們都走回工廠去，絕不再提他們以流血來爭取的加薪問題。

下面是那篇著名演說辭的開頭。注意它在語句之間流露出來的友愛。

今天是我一生中最值得紀念的日子，我是頭一次如此榮幸，得與這個工廠的職工代表、廠方的職員同監察們相見。老實說，我認為極光榮能來這裡，並且我這一生將永遠記住我們聚會的這一天。

假如這次聚會在兩星期前舉行，我站在這裡簡直是一個陌生人，你們的面孔我能認識的也只有少數。幸而我有機會到煤區各帳棚都看一遍，並且同諸位代表，除了已離職的不算，都各別作一次私人的談話。

拜訪過你們的家庭，會見了你們的妻兒老小，我們今日在此相見已非陌生人，而是朋友。本著這種友好互助的精神，我十分高興有這個機會來和你們一齊討論我們的利益。

不過這次聚會是廠方職員和工人們的代表，我能站在這裡，完全是蒙你們的厚愛。因為我既非職員又不是代表；然而我卻覺得我與你們的關係很密切，因為我是代表工廠的股東和董事。

這段演說辭，不正是一個化敵爲友的最佳手段？

先記住了，小洛克菲勒的演說是講給一夥前幾天還要把他的脖子吊在蘋果樹上的人們聽；但他說的話比傳教士們還和藹而謙遜。他演說時滿面春風的運用下列的句子。如，「我覺得很光榮能來到這裡」、「拜訪過你們的家庭」、「會見了你們的妻兒老小」、「我們今日在此相見已非陌生人而是朋友」、「友好互助的精神」、「我們大家的利益」、「我之所以能在這裡全是蒙你們的厚愛……」

假如小洛克菲勒用另一種方式，假設他同礦工們爭論，用可怕的手段來恫嚇他們，假設他暗示他們的錯誤，或引用邏輯學證明勞方確實是錯誤了，結局將怎樣呢？恐怕更要激起憤怒、仇恨或暴動。

假如一個人和你意見有衝突，對你無好感，你就是搬出所有的完美邏輯學來，也是不能使他贊同你的！

好責罵的父母和慣於作威作福的上司，以及對丈夫吵鬧不休的妻子，都應當知道人是沒有願意去改變心意的。人們不會被迫贊同你或我的意見。但假如我們很和藹很謙遜的誘導他們，卻可使他們點頭贊同。

林肯在一百年以前就曾表示過這個意思。他說：「一滴蜜所捉的蒼蠅，比一加侖毒汁捉的更多。」——這是一句古老真實的格言。

對人也是如此，假如你想讓別人贊同你的理由，首先要使他信任你是他的好朋友。那就是可以捉住人心的一滴蜜；也是一滴引導別人走上理智大道的蜜。

經營者懂得以友好的態度對待罷工者，是最上乘的做法。

當福特汽車公司二千五百名工人因要求加薪而罷工時，經理勃萊克並不曾震怒、痛斥、威嚇或說是共產黨的鼓動。事實上，他反而誇獎工人。他在克里夫蘭各報紙上登一段廣告，慶賀他們「放下工具的和平方法」。看見罷工糾察隊沒有事做，他買了很多棒球及球棒，讓工人們玩。

勃萊克這種講交情的態度，所獲得的成功與其他講交情所得的結果一樣，也發生了良好的效果。也就是以友情來培養友情。因此那些罷工的工人借來了很多掃帚、鐵鍬、垃圾車，開始打掃工廠周圍的紙屑、火柴棒、捲菸及雪茄尾巴。

你能想像嗎？試想為爭工資及擁護罷工的工人們都開始在工廠的周圍作掃除運動。這種情形在美國勞工鬥爭史上實是空前的。而那次罷工在一週內獲得圓滿解決，雙方毫無發生惡感或怨恨。

韋伯斯特大律師的樣子像一位尊神，說話像耶和華，是一位最成功的律師，可是從來也不爭辯；只在提出他自己有力的意見時，用極其和平的言語如：「這將要請見證人們考慮！」或「這或許很值得細細想一想，諸位！」

或「諸位，我相信這幾件事實你們是不會遺忘的！」或「諸位具有天賦常識，你們很容易看出這幾件事實的重要性。」絕不用恐嚇，不用高壓的手段，絕不勉強使別人相信他的意見。韋伯斯特用的是溫和的說話方式，以和善友愛贏得人心，於是得享大名。

你也許永遠不會被請去調解罷工，或聽著法庭見證人的演說，但是你也許需要把你的房租減低點。這種友好與人接近的方法，可以幫你的忙嗎？讓我們看看。

工程師斯托伯嫌他的房租太高了，想要求減低一點，但是他曉得房東是一個極固執的人。斯托伯在我的班上自述說：

「我寫給房東一封信說，等房子合同期滿我就不繼續住了。但實際上我並不想搬家，假如房租能減低一點我就還租下去。但情形很難，別的住戶也曾交涉過都沒成功。許多人對我說房東是一位很難對付的人。但我對自己說：『我正在學習一種如何待人的課程，所以我要在他身上試一下，看看有無效力。』

「房東接著我的信之後，便帶著他的秘書來找我，我在家門口迎接他，並使用史考伯熱烈歡迎人的方法。我開頭並不說房錢太貴，我先說多麼喜愛他的房子，請相信我，我確是『真誠的讚美』。我表示佩服他管理這些房屋的本領，並且說我真想再續住一年，但是負擔不起房租。

「他像是從未聽見過房客對他這樣說話，他簡直有點手足無措了。隨後他開始對我講他的難處，他對房客很不滿意。其中有一位寫過十四封信，有些簡直等於侮辱，又有一位房客恐嚇說，假如他不能使樓上的一位房客停止夜間打鼾，便要把租賃契約撕碎，他對我說，『有一位像你這樣的房客，心上是多麼舒服！』

「繼之，不等我開口，他就說替我減去一點房租，我想能多減點，我說出所能負擔的房租數目來，不勞贅言他也答應了。臨去的時候，他又回頭問我房子有沒有應該裝修的地方……假如我也用別位房客的方法要求他減租，我敢說也會像別人一樣遭到失敗。我之能獲勝利，全賴這種友好、同情、讚賞的方法。」

讓我們再舉一個例，這是一位女士的經驗談。長島花園城的黛夫人——

最近我會請幾位朋友來參加一個小規模的宴會，這次宴會對我很重要。自然，我極盼在宴會上諸事都很如意。

總務艾米爾對這類事一向最能幫我的忙的，但是這一次卻使我大失所望。飯菜完全失敗，艾米爾也沒有到場。他只派了一個侍者來招待我們，那個侍者簡直不曾伺候過這種社交宴會，他竟然給我請的首席客人最後上菜。肉做得老得嚼不動，其他的菜也糟糕透了，真是難堪，我實在忍不住火了。然而對於客人又不得不努力陪笑，以使宴會圓滿終了。

我心裡想，等我見著艾米爾，一定要嚴厲質問他一番。

這件事發生在一個星期三，第二天我去聽人際關係的演說。在聽講的時候，我想到假如把艾米爾叱責一頓也是毫無用處，而且反將招來他的不高與與懷恨，將來也無法再求他幫助了。於是，我試從他的立場著想，菜不是他買的，也不是他親手做的，他的侍者有些笨，他也沒辦法。大概我把這事看得太嚴重了，未細加思索便發火，因此本打算責備他的，這時我反要用友好的方法對待他。我決定誠心的誇獎他，結果異常圓滿。

第二天我見看艾米爾時，他憤憤然，像是已準備與我大起衝突。我說：

「艾米爾，你看，我願意讓你知道，每逢我請客的時候有你在後面督導，對我的幫助極大。你是紐約城最能幹的總務，我當然明白上次宴會的菜飯不是你親手張羅的，那天發生的事你當然沒有辦法。」

滿天烏雲散開了，艾米爾笑著說道：「誠然是的，太太。原因全在廚師不好，那不是我的錯。」

於是，我繼續說道：「艾米爾，我打算再請一次客，我需要你貢獻意見。你認為我們可以再給廚師一個機會嗎？」

「噢，當然了，太太，一定不會再發生像上次的情形。」

下一個星期，我又請了一次客，艾米爾同我仔細地斟酌了菜單，絕口不提上一回的錯處。我們到了席間，桌上早擺了兩束美麗的玫瑰花。艾米爾在旁親自照料，他對來賓的殷勤，好像席間有瑪麗女皇在座一樣，飯菜無不可口，上菜的秩序也好，四個侍者在旁伺候。最後是艾米爾親手做的點心捧了上來。

席散之後，首座來賓問我道：「你怎樣應付那總務？我從來不曾見過這樣的殷勤伺候。」——她猜對了。我用友好的態度與誠懇的讚賞贏得他高興。

若干年前，當我還是密蘇里州的一個赤著腳走過樹林去上學的少年時，我曾讀過一段關於風和太陽的神話。

風和太陽爭執誰的力量大，風說道：「我能證明我的力量大，看，地下正走著一個身披大衣的老人，我能比你更快的使他把大衣脫了去。」

於是，太陽躲進烏雲裡，風使出他的威力猛吹，但是風吹得愈大，那老人愈用力拉緊他的大衣。最後風力竭了，停止了下來。

這時，太陽從雲彩裡走出來，開始對看那老者和氣的笑。不久那老者用手拭他前額的汗並將大衣卸去。

太陽於是對風說道：「仁慈和友善永遠比憤怒和強暴更為有力！」

在我剛會讀這段故事的時候，其真理卻已經遠在波士頓城有了確鑿的證明。

波士頓是美國文化教育的歷史中心，我小時不敢想像能得到機會一往瞻仰，當時證明這段真理的是波士頓的畢醫生，更不料三十年後他竟成了我的學生。下面是他在我班上講的一件事——

當年波士頓城的報紙上幾乎登滿了江湖郎中的廣告，如專門墮胎的醫師及其他庸醫用恐嚇的話使病人害怕得不得不聽任他們的擺佈。主要目的在騙錢，草菅人命，墮胎醫生傷害的性命尤其不可勝數，但他們只被罰一點錢或藉政治的勢力，便可免於嚴厲的處分。

這種情形日趨可怕，結果波士頓的上流人士群起攻擊，傳教士在講道時也痛斥這些報紙，哀求上帝使那些廣告停止登載。市民團體、商人、婦女協會、教堂、青年會等大肆攻擊，但都無濟於事。在州立法中也有人登高疾呼攻擊這種卑劣廣告爲非法，但是因爲對方背後有政治勢力作後盾，因此種種指責皆告失敗。

畢醫生當時做爲波士頓基督教徒勉勵會的會員，他也曾用過各種方法都無效，這種反對醫界敗類的運動簡直毫無希望了。

某一夜晚，畢醫生忽然想起一種全波士頓人不曾想到的方法。他要試用寬厚、同情和讚賞。他想使報館方面的人自動停止登載那種廣告。他便寫一封信給波士頓前鋒報的經理，他說對於那家報紙一向如何極端欽佩，他是一個忠實的讀者，說報上的新聞十分詳實純正，社論尤其動人，真是一份最完美的家庭讀物。

畢醫生說據他自己的意見，波士頓前鋒報可算是全州最好的報紙，也是美國全國最好的報紙之一。

「但是，」畢醫生繼續說道：「我的一位朋友有一個年輕的女兒，他對我說，他的女兒有一晚拿了你們的報紙對他朗讀廣告。見有專門墮胎醫生一則，女兒便問他是甚麼意思。說實在的，這使他很爲難，不知道應怎樣回答。你的報紙常爲波士頓的上等人家所愛讀，假如可以在我的朋友家發生這種事，恐怕其他許多人家中亦難免發生同樣的事。假如你有女兒，你願意讓她見到那廣告嗎？假如她見到了亦請求解釋，你將如何回答？

「貴報在各方面均極優美，獨有此點，常令人欲禁其子女讀之，我深爲貴報惋惜。其他逾萬讀者又豈能不與我作同樣之感嘆？」

兩天之後，波士頓前鋒報經理函覆畢醫生。這封信是一九〇四年十月十一日寫的，畢醫生一直保存了三十多年，他來到我的班上聽講時，還把那封信拿給人家看。

內容如下：

畢大夫台鑒：

接讀你十一日來信深覺感激，多年來敝人一再猶豫不決的一件事，在讀完你的來信之後，使我決意必行。

自下星期一起，波士頓前鋒報決定刪除一切讀者們反對的廣告，倘不能一時即行停止之廣告，亦必慎使文字含義合理，不至再引起讀者之反感。

尊函惠我實多，尤不勝感謝之至也！

伊索是克羅撒斯王宮的一個希臘奴隸，生在紀元年前六百多年，編織了許多不朽的寓言，然而他所講的人性的真理，都同二千五百年後在波士頓的情形無異。太陽可以比風更能使你先把大衣脫去；仁愛友善的親近和讚許，比用火爆攻擊的方法更容易改變別人的心意。

記住林肯說的：「一滴蜜所捉的蒼蠅，比一加侖毒汁捉的更多。」

當你想使別人依從你的意見時，不要忘了——以友善的方式做為起點。

5 如何讓人說「是」

與人談話時，開頭不要討論你們意見不同的事，而先注重你們彼此贊同的事情。可能的話，你更應當鄭重地說你們彼此所努力的目的都是一樣，所不同的只是方法而不是主張。

開頭先讓對方連連說「是！是！」務必避免讓他說「不！」

歐佛斯特教授說過：「一個『不』字的反應是最難克服的障礙。當一個人說『不』時，所有他的人格尊嚴都需要他堅持到底。過後他也許自覺說『不』是錯了，然而他的尊嚴當時絕不容他改變！他既然一言出口，就必須堅持。因此和一個人談話，開頭就要讓他不反對，實在是一件十分要緊的事。」

一個善於說話的人，都是在開端就先獲得一些「是！」的反應。因此，能使他的聽眾心理趨向於肯定一方面。

在心理學中這是十分明顯的，當一個人說「不！」並且他的本意確實如此時，他的心理比他說「不！」的口氣還要堅定。他的全身組織——分泌腺、神經與肌肉——都聚集在一起成爲拒絕的狀態。整個腦細胞組織都準備好了拒絕接受。

反之，一個人在說「是！」字的時候，則沒有上述現象，身體組織是向前進的動作，是準備接受，是開放的狀態。因此，開頭我們倘能獲得別人多說「是」字，我們就更容易搏得他們注意我們最後的建議。

這種「是」的反應，本來是一種極簡單的技術。然而有多少人忽略了它！人們好像開口必定同別人的意見相反才能顯出他們的卓越。一個激烈分子和守舊的人談判，他必定會使守舊的人發怒。事實上這有甚麼好處？假如他把一個人惹急了，僅只爲他自己心上舒服，尚可原諒。但是假如他希望辦點甚麼事，那他真是個笨蛋。

假如你的學生或顧客、孩子、丈夫、太太，開口先說出一個「不」字來，那你必須費盡神仙的智慧與忍耐，才能把他們的否定意見改爲肯定的。

紐約格林威治區銀行行員艾伯森，曾利用這種「是」字的技巧，拉攏住一位幾乎失之交臂的闊顧客。

艾伯森說：「這位年輕人來開戶，我按照規定把申請表交給他填寫，有的他立刻填上了，有幾項問題他卻不願填寫。若我不曾學過人際關係術，我必定會拒收他的存款。我很慚愧以往這樣做了很多次。固然我說出那樣權威的話很能令自己覺得得意——看看誰的權力大，銀行的章程當然不能輕犯。但是這種態度對於跑來存款的顧客們，當然不會使他們感覺受到歡迎與重視。

「這天早晨，我決意要應用一點心理學，我決定先不說銀行的規定是什麼，而說出顧客方面的需要。而且最主要的，我決定在開頭能使他說『是』。因此，我表示和他的意見一致，他不願填寫的問題，我也認爲不十分必要。

『不過，假設你在本行存款到老以至將來死去，難道你不想讓銀行把存款轉移給你最親近的人嗎？』他立刻答道：『哦，當然願意的。』我繼續說道：『那麼，何不把你最親近的人的名字和情況填寫上，假如你萬一發生了不幸……我們將會立刻把這筆存款轉移給他。』他又回答說：『是。』

「那位年輕人的態度變得溫和了，因爲他明白塡寫各項問題是爲他好而不是爲我們。在他離開前，不但把所有的問題都塡了，並且採納我的建議，用他母親的名義立了一個信託帳戶，規定他母親將來有權享用這存款。關於他母親的情形，他也按照表格塡寫得詳盡無遺。

「於是，我證實了開頭讓他總說：『是！是！』他便忘了意見相左之處，並很愉快的依我的建議去做。」

西電公司的推銷員阿里森，說了以下這個故事——

在我的推銷區內有一位大戶，我們公司急欲賣給他一些貨物，前任推銷員曾經費了十年之久去慫恿他，但始終未能使他照顧我們一分錢。

自我接管這一區以來，我也花了三年的工夫去兜攬而無效果。經過十三年的不斷訪問和會談，我們才賣給他幾台發動機，假如這一次的買賣做好了，我想還可以使他再訂幾百台，這是我的希望。

因此過了三個星期我又去拜訪他，我很自鳴得意。但是這種得意為時甚短，因為總工程師見著我時劈頭就說：「阿里森，我不能再多買你們的發動機了。」

「為什麼？」我吃驚的問道。

「因為你們的發動機太燙了，熱得炙手。」

我曉得爭辯是沒有好處的。以往我這樣做過很多次了。因此我想著如何得到他說「是」的反應。

「先生！我和你的意見完全相同，假如那發動機熱度過高，你應當不再多買了。你所要的發動機當然不希望它的熱度超過全國電工協會的規定標準。不是嗎？」

他對這一層表示同意。我已經得到了第一個「是」字。

「按電工協會規定，一部發動機可以較室溫高出華氏七十二度，對嗎？」

「對！」他說：「但是你的發動機確比這溫度高。」

我不同他爭辯。我僅問道：「你工廠裡的溫度是多少？」

「噢，大約華氏表七十五度。」他說。

我答道：「工廠裡的溫度為七十五度，再加上應有的七十二度。一共是華氏一百四十七度。假如你把手放在一百四十度的熱水裡，是否會燙傷呢？」

他又點點頭稱「是」。

於是，我便建議道：「那麼你不要用手觸碰到發動機，好不好？」

「好吧！我想你說的有道理。」他這樣承認，隨後我們又閒談了片刻，之後他就喚來秘書吩咐在下個月購買我們大約三萬五千元的貨物。

我費了很多年的時間，平白損失了數萬元的買賣，最後才明白爭辯是不合算的，從別人的觀點去看事物，及設法讓別人多說「是」字，才是最有利也最有趣的！

希臘哲人蘇格拉底是一位很有趣的人物，他一向赤著腳，四十歲時頭已禿了頂，卻同一位十九歲的少女結婚，他所做的事，也能夠去做的人，有史以來還真找不出幾位哩！

他曾把人類思想的道路大爲改變，而且，直到現在，他已死去兩千三百多年，還被尊爲影響這個紛擾世界十分深遠的智者。

他的方法是甚麼？他曾指責別人犯了錯嗎？噢，不，蘇格拉底絕不如此。他的整個技巧，現在被稱爲「蘇格拉底辯論法」——就是基於獲得「是，是」的反應。

他所問的問題都是他的反對者必定贊同的。他一開始便得到對方點頭稱是的局面，他繼續用問題問他的反對者，直到最後，他的反對者已於不知不覺中，接受了數分鐘之前還堅決否認的結論。

下一次，當我們再要得意的告訴別人他的錯處時，讓我們記著赤腳的蘇格拉底，並且用溫和的語氣——以得到「是，是」的反應。

打動人心的原則之五——

假使你想得到別人贊同你的意見，要設法讓別人立刻說「是！」

6 與其自己說，不如讓對方說

有些人爲了說服別人而滔滔不絕。其實，應該先讓對方說，因爲對方的事，他自己最清楚不過了。所以，應該是讓對方告訴你一些事。

即使不同意對方的話，也要忍耐，不要插嘴。一旦對方有話急欲發表，他是不會注意你的。所以請你有耐心地、誠心地去傾聽別人說話，並鼓勵他盡情說話。

這個方法用到生意上有用嗎？以下是使用這個方法的一名男士的經驗談。

美國首屈一指的汽車公司，準備買進一年份的椅墊布。有三家大的製造廠商提出樣品，經理看過後，通知製造廠商，說等他們提出最後的說明，便決定與哪一家訂契約。

其中一家的代表畢氏，患了嚴重的喉炎。他說——

輪到我說明時，卻發不出聲音來。被引進室內，我是和工程師、採購主任、推銷主任以及總經理面對面。我站起來，但喉嚨只能發出沙啞之聲。

於是，我在一張紙上寫著：「我的喉嚨很痛，沒辦法出聲。」

看了我的紙條後，總經理說：「那麼，就讓我來代替你說吧！」我於是打開樣本，他開始讚美它。接著便引發了一場熱烈的討論。而那位總經理因為替我說話，所以是站在我這邊；我只是不斷的微笑、點頭、並做手勢。

這一場會談的結果，使我得到了五千萬碼布的訂購單，總計一百六十萬美元。對我而言，這是我有生以來所得的一筆最大的訂單。

如果那時我沒有失掉聲音，一定沒辦法得到那份訂單，因為在那之前，我對做生意完全是採用另一種方式。那次使我偶然地發現，與其自己說，不如讓對方說來得聰明。

這效果不僅限於商業上。芭芭拉・威爾遜夫人和她的女兒蘿莉間的關係正在快速惡化中。雖然蘿莉是個文靜的女孩，卻變得不聽父母的話而具叛逆性。母親對女孩說教，甚或處罰，可是都未能奏效。

有一次蘿莉沒整理房間裡就跑去找同學玩。她回來後，因為玩得都沒力氣了，所以根本不動手整理了。

母親很是傷心的說：「蘿莉，妳爲什麼變得這樣呢？」

羅莉用很平靜的聲音反問：「媽！你真的想知道原因嗎？」

最初，蘿莉猶豫了一下，才開始說……在此之前，我真的從未好好聽女兒講過話，而只是一味地命令她而已。一旦她開口說她的想法或她的感覺，我便馬上打斷而訴諸命令。現在我終於知道了，蘿莉是需要母親——但並不是只命令的母親，而是當她在成長過程中迷失時能夠和她討論的母親——在此之前，我總是喋喋不休，而聽不進女兒的半句話。

以後，每當有話要說，我都會讓她暢述，而女兒也把她心中的事毫無保留的告訴我。母女之間再也沒有代溝了。

最近紐約《前鋒論壇報》的經濟欄刊出徵求「有經驗的優秀人物」廣告。我班上的學員查理斯・貝利斯就跑去應徵。幾天後，他接到面試通知。

面試前，他又到華爾街詳查該公司創辦人的一切事情。面試時，他說：「我真的很希望能在這樣好的公司上班。我覺得爲您做事，是一種光榮。據說，您當初是白手起家的，這種精神令我佩服。」

大抵成功的人，都喜歡回想年輕時所走過的路。此人自不例外，他開始對我追述他當初是如何以四百五十美元的資金獨自創業：禮拜天、假日都不休息，克服了所有的障礙，才建立了今天的地位。聽說今天華爾街的大企業家也都來向他請教，他是有自傲的資格，因此不時流露出快樂的神情。

講完之後，對貝利斯的履歷做了一些簡單的詢問，然後把副總裁叫來說：「我想他就是我們所尋找的人。」貝利斯費心去調查他未來雇主的成就，表示了自己對對方的關心。因此給對方絕佳的印象。

以下是與這件事立場相反的故事。普拉得雷說：

「自己的公司很小，而且也沒有醫療費用及健康保險等福利，每一個職員都是獨立的代理人。這次徵才也沒有像其他大公司那樣大肆舖張。

「來面試的理查・普拉揚正好符合公司需要經驗的要求。首先，副理接見他，並對他說明擔任此一職務會遭遇到的問題。因此，當普拉揚進入經理辦公室時臉色都變了。我跟他說明這個公司的優點是每個社員都是獨立的代理人，因此，每一個都好像是經理。

「對我所舉出的優點，普拉揚開始陳述他自己的意見。有好幾次我都想打斷他的話，但我還是忍耐到面談結束。最後，反而是他自己說服了自己，決定來我的公司服務。」

「我當一個好聽者，聽普拉揚說話。他在心中公平的衡量了公司的優缺點。後來我錄用了他，他也確實很爭氣。」

這是一種真理，即使是我們的朋友，他們亦寧願聽別人講他們的成就，而不願聽別人吹噓自己的成就。

法國哲學家洛士佛柯說：「如果你要樹敵，就勝過你的朋友；如果你要朋友，就讓朋友勝過你。」——這是因爲勝過朋友，會滿足自尊感；反之，便會覺得自卑，同時產生羨慕和嫉妒。

紐約市的人事課職員以艾達最受人歡迎。但是，並非從以前就一直是那樣的。

「我覺得自己的工作很不錯，因此常常自誇。」艾達在訓練班上說：「但是，同事們對我的自誇都極反感。因此，他們並不喜歡我。參加訓練班後，我儘量少講自己的事，而試著去聽聽同事們講話，發現他們也有很多值得稱道的事。

「的確，聽比說來得有趣多了。現在只要一到聊天時間，我就會對同事說：『有什麼趣事要告訴我嗎？』我現在是一名優秀的傾聽者。我覺得若非別人要求你講，最好保持沈默，不要喋喋不休。」

打動人心的原則之六——
傾聽對方，讓對方說。

7 啟發別人的方法

你對於自己發掘的意見，比別人代你說出來的，是不是更信得過？假如是的，你把你的意見向別人的腦子裡硬塞，合理嗎？那麼，提出意見來——讓別人有機會去反省他的結論，不是一個聰明的辦法嗎？

沒有人願意他自己是被別人強迫買甚麼東西或被派去做某件事。我們都喜歡隨自己的心願買東西，或依自己的意思做事情。我們喜歡別人和我們商談——我們的希望、我們的需要、我們的思想。

韋遜是某服裝設計公司的推銷員。他每星期去找紐約某著名設計家一次，已經有三年之久了。

韋遜自己說：「那位先生從未拒絕接見我，但是從來沒買過我的圖案。他總是細心把圖翻看一遍，然後說道：『不成，我想今天我們的買賣還是講不成。』」

失敗了一百五十回之後，韋遜覺得自己必是神智不清；因此他決定每星期用一個晚上的功夫研究影響人的行為，以及發展新的意思產生新的熱忱。

不久之後，他決定重新再與那位設計家接近。揀了半打尚未畫完的圖樣，走進那位買主的辦公室，他說道：「如果你肯幫忙，我來向你請教一點小事。這裡有幾張未完成的圖樣。你可以不可以告訴我，怎樣畫才適於你的使用呢？」

買主把圖樣大致看了一下，不置一辭，隨後又補了一句：「把它放在這裡，過幾天你再來看吧！」

三天之後，韋遜又去聽取了他的建議，把圖樣取回按照那位買主的意思畫完。

結果所有的畫全都被接受了。這是九個月以前的事。從那時起，這位買主又訂了很多的圖案，都是依照他的意思畫的——結果韋遜淨得酬金一千六百元。

韋遜對我說：「我現在才明白，數年來無法賣給這顧主的原因，那時我總是強迫他買『我以為』他應該要買的。現在我的做法與從前完全相反。我會先徵求他的意見，他便覺得圖樣是他設計的。現在不勞我去賣他，他便自己來買。」

當年老羅斯福爲紐約州長時，曾完成了一件駭人的事業。他同政黨領袖們相處極好，而又能強迫他們改革他們一向最不贊成的政事。

我們且看他是怎樣的做法——

當一個重要的官職出缺應該遞補時，他就約請政黨首腦爲其推薦人選。老羅斯福說：「起初他們提出一位政黨的小人，我便對他們說，用這樣一位小人不合乎良好的政治，民眾一定不贊成。

「然後，他們又提出一個名字來，比第一位好不了多少。我就告訴他們說，任命這樣的人，恐還不能孚眾望，不曉得他們還能不能再推薦一位更適宜的人。

「他們第三次推薦的人差不多可以了。但還不十分理想。於是，我表示很感謝他們，請求他們再試一次，這樣第四回說出來的人就很不錯了；以後他們也許推出一位恰好就是我自己要挑選的那一位。表示感激之後，我便正式任用此人，而且我要讓他們享受任命此人的榮譽。『……我就對他們說我已經做了使他們高興的事，現在輪到他們該給我做一點高興的事了。』他們當真如此做了。他們贊助了重大的改革案如選舉案、稅法及市公務法案等。」

記住了，老羅斯福遇到任命重要官吏時，就讓政黨首腦們感覺到人選是他們自己挑定的，意見也是他們給的。

長島某汽車商人利用此種技巧，把一輛舊汽車賣給一位蘇格蘭人和他的太太。以前該車商曾把新式汽車一輛一輛送給這位蘇格蘭人看，他不是嫌這個，就是嫌那個的，又說價錢太貴。當時該車商正在我的班上聽講，便在班上聲請援助。

我們就勸他不要勉強賣給他；讓他自己來買，不要告訴他應當去做甚麼；爲甚麼不讓他告訴你應該怎樣做呢？讓他覺得那是他的意見，結果很好。

過了幾天，有一位顧客想把一輛舊車換一輛新的，該車商就想到那個蘇格蘭人也許願意買這輛舊車。因此拿起電話筒，問那位蘇格蘭人能不能特別賞光來公司提供一點高見。

等那位蘇格蘭人來到之後，車商說道：「你是一位買車的精明老手，深懂車的價值，你可否試一下這輛車子，告訴我它還值多少錢？」

那位蘇格蘭人面上露出笑容來，有人向他請教了，有人承認他的能力了。於是他駕車跑了一刻鐘然後歸來，他說：「假如這輛車能以三百元成交就不吃虧！」車商當即問那位蘇格蘭人，倘如三百元說妥，他是否願意買。三百元？當然了。這是他自己的意見，他自己所估的價。那次交易便輕易完成了。

某X光燈製造家，利用這樣的心理學，賣給布魯克林某大醫院一批貨。該醫院當時擬增購一部，預備設置最好的X光器材。李大夫負責購辦，各廠家都派人來同他談買賣，各人吹噓自家的東西好，搞得他十分頭痛。

有一個廠家的經理十分精明，他比別人懂得應對的技巧。他寫了一封信給李大夫，信上大意如下：

敝廠新近完成了一套X光器材。第一批貨剛剛來到，但不敢說十分完善，所以很想再加改良。閣下倘能撥冗前來一觀，並指示須如何改善始合貴院之用，則敝廠實不勝感激之至，因知閣下工作極忙，如蒙慨允，賜知何時可以光臨，敝廠可隨時派車前來迎接您。

李大夫在我的班上說：「我接著這封信，深覺驚異，不僅出乎意外而且覺得愉快，從來沒有X光燈製造廠商找我供給他們意見，這使我感覺自己很重要。

那一個星期裡我每晚都很忙，但我卻謝絕了某一處宴會，去看那一套新器材，我觀察得越仔細，便越喜愛那套器具。沒有人強要我買，代醫院訂購那套器材完全是我自己的意思。我因爲那器材品質極好，便立刻決定購置一部。」

威爾遜總統時代，何斯上校在美國內政外交上，可謂舉足輕重。威爾遜總統信賴何斯上校，凡事都同他秘密商議，比其他內閣更受信賴。

何斯上校用甚麼方法竟能影響威爾遜總統至此呢？何斯上校曾對史密斯說過，史密斯在《星期六晚郵》上發表過一篇文章，內中引用何斯上校的話：

「我與總統認識了以後，我曉得要讓他有某種見解，最好的方法就是不經心的把那種意見移植在他的心中，使他感覺興趣，並且讓他自己去想。第一次是因爲一件偶然的事，我到白宮謁見他，請求他實施一件似乎他不很贊成的政策。過幾天在某宴會中，我很詫異聽他說出那個建議來，並表示那是他自己的意思。」

何斯上校曾否站起來指明這不是總統的意見而是他的？噢！不。何斯上校並沒有那樣做。他不在乎名聲，只希望得到好結果。所以他讓威爾遜總統繼續覺得那是他的意見。何斯上校並且還在公眾之前稱讚總統這些卓見。

讓我們記住，每日與我們交往的人們，也都像威爾遜總統一樣的性格。所以讓我們應用何斯上校的技巧。

數年前，新布朗斯威地方有一商人，曾使用這種方法，獲得我的惠顧，那時我打算往該地去作釣魚旅行，因此先向旅行社打聽種種情形。我的名字必是在一張公開的名單上發表出來，隨後我就接到許多該地區野外帳篷商及嚮導寄給我的信件和手冊等資料，這卻使我不知接受誰家的好？

後來有一個帳幕商做了一件很聰明的事。他把從前招待過的幾位紐約人的名字與電話號碼寄給我，請我給那些人打電話問問，就可以知道他招待得怎麼樣了。

恰巧他提出的人名之中，有一位正是我的熟人。我打電話問過他之後，隨即電告那家帳篷商我何日起身前去，別家的帳篷商都想要把他們的產品賣給我，但是只有那家讓我自己主動去買，結果他勝利了。

兩千五百年前的中國哲人老子就曾啓示我們——「江海所以能爲百川之王者，以其善下之，故能爲百川王。」

江海之所以能容納無數的溪流，乃因其置身於低處。同樣的，賢人欲立人之上，就要能置身於人之下；欲立人之前，就要能置身於人之後。因此賢者即使立於人之上，人亦不覺其壓力；立於人之前，人亦不覺其礙眼。

因此，假使你想影響別人來贊同你的意見，切記——

讓別人以為那意見是他自己出的。

8 以他人的立場去看事情

記住，即使別人完全錯了，但是他本身絕對不會這麼認爲。因此，只一味責罵是多餘的，只有笨蛋才這麼做。但是我們卻往往不嘗試著去了解。真正聰明的人，總設法去了解別人。

一個人的想法、行動，一定都有相當的理由。找出那個實在的理由，你就能更進一步去掌握對方的性格。這也就是站在對方的立場設想。「如果我是他，將會有什麼反應？會作何感想？」

——替他想一想。這樣，就不會白白浪費時間在生氣上。

有位哲人曾說：「試著比較一下，自己對自己強烈的關心和對別人的漠不關心，你將發現實際上每一個人都是這樣的。如此一來，就能把握所有事業的必要原則：掌握人的秘訣，就是了解別人的處境，同情別人的立場。」

紐約州的達古拉常對他的妻子說：「妳除草、施肥，每週做兩次，花了那麼多時間在草坪上，可是比起四年前我們剛搬來時，好像也沒有什麼不一樣。」

當然，這話很讓身爲妻子的感到洩氣。

他說：「參加了訓練班之後，我才覺得自己當時真是好蠢。妻子以整理庭園爲樂，如果我能給她一點讚美，她不知道會有多高興。有一天，吃過晚飯後，妻子要我幫忙除雜草。我本想拒絕，可是很快的糾正了這個念頭。我便隨著她到庭院，兩個人開始一起除草。在一起除草的一個小時裡，我們聊得非常愉快。」

以後，達古拉便常常幫妻子整理庭院，也經常稱讚她把庭院整理得這麼好。就拿除草來說，他試著站在妻子的立場設想，而使兩人的感情更加融洽。

J．S．藍巴古博士在他書中寫：「不要只說自己的意見，還必須尊重對方的意見，才能打開商議之路。首先，必須掌握商議的目的，然後站在對方的立場談話，寬容對方的意見，這樣一來，對方也會接受你的意見。」

我家附近有個森林公園，我常去那裡調整自己的情緒，嘗試抱著一棵樹，對它訴說自己的心聲。因此，每當聽到森林發生火災，我就覺得痛心。起火的原因並非由於菸蒂，多半是由於一些憧憬原始生活的少年，跑去公園生火煮東西所引起的。嚴重時則釀成火災，非出動消防隊不可。

園內有一告示牌寫著「嚴禁菸火！違者嚴處。」但因設在不太明顯的地方，所以沒有多少人看得到。園內雖有騎馬的警官巡邏，但並未嚴格取締，所以始終無法杜絕火源。

有一次我因爲發現火災，便急匆匆跑去警察局，請求儘快通知消防隊來。結果警員卻告訴我那不是他的管區，沒辦法。

從那次以後，我在公園散步時，便自己行使保護公產的職權。但很可惜的，一開始時我並沒有站在那些少年的立場設想。每當有火災時，我就立刻燃起正義感，採用了錯誤的方法。我跑向少年們，命令他們把火滅掉，否則，一旦引起火災，是要被捉進監牢的。倘若不聽，便恐嚇說要叫警察來捉他們。

當時我並沒有考慮到少年們的想法，我只顧到自己的情感。結果，少年們雖是勉強遵從，卻是懷恨在心。我一走開大約他們又會馬上升火，甚至想放一把火，把整個公園燒掉哩！

現在的我，對人際關係有了些許的了解，已經能站在對方的立場來想了。同樣的情況，我會說：

「年輕人，很快樂吧？要請我吃什麼東西嗎？記得我小時候，也和你們一樣很喜歡野炊，現在依然沒變。不過，我想你們也很清楚，在這裡生火是很危險的。你們當然並不想引起火災，可是別的孩子不像你們這樣小心，他們看你們在這裡生火，也會來這裡生火。但臨走卻沒把火弄滅，假若遇到乾葉子，就會馬上燃起大火，整個公園就會被燒光了。

「這裡雖然有嚴格禁火的規定，但我絕不干涉你們的樂趣，並且看到你們快活的樣子，我也變得愉快起來。只是你們可否把附近的乾葉子掃到一旁去，同時臨走前不要忘記用土把火壓滅？下次如果要再生火的話，別忘了到山丘對面的砂地上去，那邊比較安全，你們也不用擔心失火……謝謝你們。祝你們愉快！」

同樣的事情，如果這樣說的話，效果就不同了。少年們會樂於合作，無一絲的不滿，並且他們也很有面子。站在他們的立場多爲其設想，結果是我和少年們都很愉快。

澳洲婦人愛莉分期付款買車，應繳的錢已拖欠了六週。負責車子貸款的男士打電話給她，要她在下禮拜一之前，準備好一百二十美元，否則依法處理。

她說因爲手頭不便，所以一到禮拜一接到電話，雖然對方口氣不善，但也不能意氣用事：「首先，我先考慮他的立場。我說，讓你麻煩真的不好意思，像我這樣的客人真的很差。於是，對方馬上說：『對不起！』並告訴我很多客人的例子，有的是很粗魯、有的甚至蓄意逃掉。我一直沒有插嘴，專心的聽他講話。他把遇到的一些困難都告訴了我。之後，我也沒有拜託他，他就說我不用急著支付全額，只要在月底付二十美元，餘額以後再慢慢償還。」

要拜託人的時候，首先要閉上眼睛——想想自己有沒有站在對方的立場設想，想想看要怎麼做，才能讓人答應幫你。這方法雖然有些麻煩，但會使你得到意外的效果。

哈佛大學教授德拉姆說：「在我想訪問某人之前，假使不曾先想妥自己要說的話，以及代他設想他該如何作答；我就寧願在他家門外徘徊深思兩個鐘頭，也不貿然闖進。」

打動人心的原則之八——

誠懇的以他人的立場去看事情。

掌握人心的秘訣，就是——

了解別人的處境，同情別人的立場。

9 如果我是你，也會這樣

你希望消除口角風波或敵意，讓對方產生善意，並靜靜地聽你說話嗎？如果是的，那麼，要如何開頭呢？

「我如果是你，也許也是這樣認為的。」這樣的一句話，任憑再固執的人也會軟化。因爲你如果站在對方的立場，當然會和他有相同的想法。假設我們與他有相同的身體、性情，在他的環境下成長，累積了相同的經驗，那麼我們應該會和他一樣。因爲那些是逼他當「壞人」的因素。

你遇見的人，有四分之三以上渴望別人的同情。給他們同情，保證會受他們的喜歡。

我曾經在廣播中提到《小婦人》的作者奧爾科特的事。我當然知道她是住在麻州的康克德寫了這本不朽的小說，但是，一不小心，我竟說我曾到她的故鄉新哈姆色州康克德訪問她。於是，責難的信和電報立刻紛紛湧來。其中有憤慨的、有侮辱的。費城的某太太，更是兇惡已極，她說如果我當初誤指奧爾科特是食人族，她也不致比這更惡毒了。

我邊讀信，邊在心中說：「感謝上帝，幸而她不是我老婆。」我犯的是地理上的錯誤，而她犯的卻是禮儀上的錯誤。我本來打算以此爲回信的開場白，但我始終沒有那樣做，因爲那是昏了頭的人才會那麼做的——而大多數傻子要做的，正是那樣。

我不想當一個傻瓜，於是決定把她的敵意變爲善意。說起來，這也是一種遊戲，我告訴自己：「如果我是她，我一定也會和她有相同的感受。」我就努力的去了解她的立場。我到費城時就打了一通電話給她，以下是我和她的談話——

我：前幾天收到了您的信，實在很感激。

她：（一種很沈穩的音調）對不起！請問你是誰？

我：我們沒有見過面，我是戴爾．卡內基。不久前我提到有關奧爾科特的事時，把麻州誤為新哈姆色州，我為此道歉，謝謝妳寫信糾正我。

她：哦！寫了那樣冒昧的信，我才應該說抱歉。

我：不，妳一點也沒錯！因為我把連小學生都知道的事說錯了。

她：我在麻州的康克德出生的，一直以自己的故鄉為榮，因此聽了你的廣播才會寫出那樣的信，真是抱歉得很！

我：我可以保證，妳的難過不及我的十分之一。我的錯誤對麻州無害，但對我卻有損害。謝謝妳寫信來告訴我，以後有什麼事也請多多指教。

她：你知道，我很高興你能接受我的批評。像你這樣的好人，我願意多接近你。

就因爲我向她道歉，理解她的立場，於是她也向我道歉，同情我的立場。我忍一時之氣，使事情有了好的結果，當事人都很愉快。

歷代的大總統們，總會面臨複雜的人際關係。塔伏特總統也不例外。根據他的經驗，如果要消弭敵意，就必須要同情。

塔伏特在其《服務倫理學》書中舉了一個有趣的例子。怎麼樣才不會引起別人的反感？以下是其中的一節——

華盛頓的一位太太，為了讓她的兒子更有地位，連續兩個月跑來找我。她的丈夫在政界有些勢力，她便拉攏上下兩院議員來幫她說話。

但那個位置必須有專門的知識，所以我照該局的推薦指派了別人。於是，她寫了一封尖酸刻薄的信給我，說我只要說說話便可完成令她愉快的事，可是我卻忘恩負義；並說她為了讓我關心的法案通過，曾特地努力勸說她那一州的代表贊助此案，而我竟如此報答她。

任何人接到這樣的信，一定都會生氣，進而想去懲罰她的無禮，儘快寫反擊的信。可是，一個聰明的人是不會那樣做的。聰明的人會把信收到抽屜裡，二、三天以後再拿出來。經過了一段時間再看的話，就不會想寄出去了，我採用了這個聰明的方法；於是，我坐下來寫了一封和氣的回信，跟她說我很了解她失望的心情，但是人事的委任並不是能完全由我作主，因為這個位置非有專門的技術不可，我必須遵照局長的推薦。我強調他的兒子現在的職務非常好，如果再繼續努力一定能升到更高的職位。

不久之後，我又收到她丈夫寄來的信，但筆跡和前一封相同。上面說她因為那件事很憂鬱，現在變得有點神經衰弱，並且也得到了胃癌，現在正瀕臨死亡邊緣。若能改任她的兒子，也許就會痊癒。於是我非再回一封信不可，這次是給她丈夫，說我很同情她的病，希望診斷是錯誤的，可是人事是不能隨便更改的。

又過兩天，我在白宮開了一個音樂會，最先來的就是這對夫妻。

曼加姆是奧克拉荷馬州電梯保養公司職員，他們公司與其他公司訂有保養契約，最低需花八小時修護。旅館的總經理覺得暫停使用兩小時以上，對客人很不方便。

爲了確保這次修理的完備，曼加姆打電話給旅館的總經理說：「總經理，因爲你的旅館生意很忙，所以我知道你希望電梯暫停使用的時間能縮到最小程度。我們也很努力儘量不給您添麻煩。可是以目前電梯的狀況，再不整修是不行了。損傷愈嚴重，以後修理起來就愈麻煩。一旦不得不停用幾天，客人就更不方便了！」

電梯停用幾天，跟停用八小時相比，經理當然知道哪一個比較好。總之，曼加姆很同情經理的心情，完全是站在體貼對方的立場。

鋼琴女老師喬依斯．諾莉絲說她一個十多歲女學生芭比與眾不同，留著很長的指甲。而這對鋼琴的練習是一個問題。很明顯的，那長指甲已經構成了練習的障礙。上課前兩人的談話，誰也沒有談到有關指甲的事。不過任其如此下去也不是辦法。因此——

第一次練習結束後，我覺得這是一個很好的時機，於是我對她說：「芭比，妳的手很漂亮，指甲也很美。但如果妳想彈好鋼琴的話，就必須把指甲再剪短一點。雖然只是這樣微小的事，但妳一定會驚訝自己的琴藝進步神速。妳考慮看看好嗎？」同時我也對她的母親說了同樣的話，也讚美她女兒的指甲。而她母親做了否定的反應。對母親而言，女兒美麗的指甲是很重要的。

第二天早晨，芭比來上第二次的課。令我驚訝的，她的指甲竟剪得很乾淨。我稱讚了她的決心，且向她母親道謝。但她母親的回答更令我意外，她說：「不，並不是我的緣故，而是芭比自己要那樣做的。總之，這是她第一次接受人家的勸告而剪短指甲。」

諾莉絲老師並沒有告訴芭比留長指甲學鋼琴不好；反而告訴她把指甲剪短是一種犧牲。她很同情芭比，她說：「我很同情妳，要妳剪掉指甲，大概是件很痛苦的事吧！但這樣一來卻能使妳的彈奏技巧進步。」

修羅克是美國一流的音樂經理。半世紀間，應付過夏亞平、鄧肯、巴夫羅瓦等世界著名的藝術家。他告訴我，與藝術家交往之道，就是對他們與眾不同的個性同情到底。他認爲那比什麼都重要。

他在當夏亞平的經紀人三年之間，對這位大歌手常感到頭痛不已。例如，雖然晚上才登台，可是夏亞平會在早上打電話給他，說今天心情不好，嗓子也不好，所以晚上無法登台。

他決定的事總是無法更改，所以經紀人與藝術家的爭論常常也是徒然的。他只好趕快到夏亞平住的旅館，跟他說：「好可憐呀！今天晚上還是不要唱比較好，取消好了。與其唱得不好，不如犧牲那二十美元的契約。」

於是，夏亞平就會說：「再等看看，你下午五點來，看我是否能好一點。」

到了五點左右又去旅館，仍表示很同情他，並勸他不要太勉強。夏亞平又說：「現在好一點了，你先回去，等一下再來。」

七點半開演前，這位歌王終於答應出場，但要求事先告訴觀眾他傷風了，嗓子不靈光。這位經紀人自然是答應了，因爲他必須這麼來一下，才能使這位歌王放膽登台獻唱。

阿沙·格茲博士在他著名的《教育心理》書中提出——

「一般的人都渴望同情。小孩子急於顯示他的傷口，甚至故意割傷以博取大人同情。成人亦常誇張自己的危難，特別是重病施手術的經過。『自憐』是人們普遍的習慣。」

打動人心的原則之九——

同情對方的想法和欲望。

10 訴諸高尚的動機

大銀行家摩根對人的觀察結果——

人們每做一件事都有兩個理由，一是好聽的，一是真實的。

能自己想到真正理由的人，你就不必強調。但我們所有的人，由於內心中都有成爲「理想家」的理想，所以都喜歡想好聽的動機，因此，要想改變人的意見，應訴諸高尚的動機。

那種方法用在商業上理想嗎？

讓我們看看，賓州某房產公司法瑞爾的經驗爲例——

他有一位房客因有所不滿而堅持遷移，租賃契約還有四個月才滿期，每月租金五十五元；然而那位住戶卻聲稱立刻要搬，不問合同期滿與否。

法瑞爾在我的班上述說道：「那家住戶已在我的房子裡住了一個冬季，我曉得他們若搬走了，在秋季之前我的房子是不容易再租出去的，眼看二百二十元就要泡湯，真有點著急。平常我必找那家住戶，讓他把合同再唸一遍。我會警告他倘如現在搬走，所餘四個月的房錢應如數照樣繳付。

「然而。這回我卻決定改用一種手段，開頭我說道：『杜先生，我已經聽說過你的意思，但我仍不相信你真的要搬走。我看出你是一位言而有信的高貴紳士，我敢打賭你一定是這樣的人。』

「『現在，我有一個意見，把你打算搬家的決心且暫擱幾天，從今日起到下月一日應繳房租之前，你若是仍說要搬家，我一定接受你的意見，我絕對容你搬家，我將承認我的判斷是錯了；但是，我仍然相信你是言而有信的人，對於自己所立的合同一定遵守到底。』

「好啦，到了下月一號，這位先生找我並親自付他的房錢。他說他同他的太太談過這件事，決定繼續住下去。他們唯一的結論是光榮的行使『履行契約』！」

柯蒂斯原來是緬因州的一個窮孩子，後來卻擁有鉅資，當了美國《星期六晚郵》同《婦女家庭月刊》的東家。

在他初創之時，不像別家報紙雜誌拿得出大價錢買稿子。他花不起錢聘第一流作家為他撰稿。因此他便訴諸高尚動機。例如，他請當紅的《小婦人》作者奧爾科特女士為他寫稿，他只匯去一百元，不是給愛女士，而是寄給她所愛護的慈善機關。

多疑的人，至此也許會懷疑說：「那些地方也許只有對諾斯克立夫爵士，小洛克菲勒或感情氾濫的小說家有效。但是，夥計！我倒寧可看到它對我要收帳的那位不可理喻的人產生作用！」

你也許對了。一件事不會在一切情形之下都有效的，而且也不見得萬人皆適用。假如你對於目前自己的結果感覺滿意，那又何必改變。假如你認為不滿意，那麼何妨試驗一下？

無論如何，我想你會喜歡讀我以前一個學生湯姆斯的這段真實的故事——

某汽車公司有六位顧客不肯付欠款。他們並不是全不認帳，只是說有的帳寫錯了。但每一項租車或修理記錄上都有顧客自己的簽字。所以公司曉得未記錯帳，並且說明不會有錯。

以下是信用部的職員去索取欠款時所採用的步驟。你想他們會成功嗎？

一、他們去會見每位顧客，直截了當的說他們來索取一筆早已過了期的欠款。

二、他們明白表示公司記的帳目完全正確，所以錯誤應當完全是顧客的。

三、他們暗示公司（即他們）對於汽車比他明白得多，所以不用爭辯。

四、結果他們爭論起來。

這些方法會把顧客勸說得如數付款了嗎？你是可想而知的。

情形至此，信用部的主任幾乎要循法律途徑去對付顧客了。而此時總經理聽見這件事，他詳細調查這幾位還不付帳的顧客，發現他們以前都是按時付款的，錯處一定是在公司方面——討帳的方法或許欠妥。因此他把湯姆斯喚去，並讓他去追討這幾筆難要的債。下面是湯姆斯所採取的步驟：

1.湯姆斯自己說：我去拜訪每一個我曉得帳目是沒有錯的顧客。但是我卻對此隻字不提。我見了顧客時解釋說，我是來調查一下敝公司對於顧客該辦的和沒辦到的事情。

2.我會明白的表示在未聽完顧客的原委之前，絕不貢獻意見。我告訴他即使我們公司也並非絕對不會出錯的。

3.我告訴他，我所關心的是他的車子，而且他對於自己的車比誰都明白。所以在這個問題上當以他的意見爲主。

4.我讓他自己訴說，我則聚精會神地同情地傾聽，這正合他的心意。

5.最後，等那位顧客的心情和緩之後，我把這件事情請他公平想想，並訴諸高尙的動機。

我說：「首先請你明白，我也覺得這一件事做得太欠妥當。敝公司的職員給你很多麻煩，並使你生氣，那實在是不應該。我覺得抱歉。我聽完你講的事情原委之後，實在佩服你的正直與寬大。現在因爲你是很公正的，我要請你爲我做一點事。這件事你能比任何人都做得好，而且你比任何的人都清楚。這是我給你開的帳單，請你自己細查一下，有甚麼記錯了的，就像你是我們公司的經理來查一查帳目。我請你全權作主，你說哪一筆不對，我們就取消哪一筆。」

他把帳單看了一遍嗎？當然，他細看一遍，欠款數目自一百五十元至四百元不等，這些顧客都如數付款嗎？除了一位說公司記錯了幾分錢以外，所有的欠款都完全如數照還，並且在兩年之內，那六位顧客都從我們公司添購一輛新車。

湯姆斯最後說：「經驗告訴我，你對顧客不得要領時，最妥當的方法是你先假設他是懇切、誠實的；只要使他信服那些帳目是對的，他必定樂於償還。更明白的說，人們都是誠實並且願意償付自己的負債。例外的情形並不多見，並且我相信雖遇到刁難的人，只要你強調他是誠實、正直、公平的，爲了成全這一完美形象，他必定也給你一種方便。」

假如想使別人贊同你的意見，去履行這個定律，一定會有好處，這就是——

訴諸高尚的動機，喚起美好的心情。

11「演」的比「說」的更有效

幾年前《費城晚報》突遭惡意中傷，其因生意興隆而遭人忌妒。謠言說該報廣告太多，新聞太少，於是吸引力驟減，面臨危機；當務之急就是撲滅謠言。於是該報把每天的新聞資料剪下來分類，印成一冊小書出版，題名《一日》，共三百零七頁，相當價值二元的分量，卻僅以二分出售。這本書的發行，把《費城晚報》的內容明白的顯現出來，比之文字圖書的表現收效都大，且予人鮮明的印象。如此一來，謠言就不攻自破，而挽回了該報的信譽。

現在是表演的時代，請給事實以新手法活潑地演出，電影、收音機、電視等等，都利用了這種手法。要引人注意，這比什麼都有效。

利用櫥窗裝飾的人，對於演出的效果應該十分清楚。例如，出產新的滅鼠劑的廠商，就可在櫥窗內使用活老鼠來活潑的演出。老鼠進入櫥窗的這一週，銷路通常會增加五倍。

在電視廣告中，可以看到很多利用戲劇的效果。一面看電視，一面想盡辦法的廣告業者，要分析商品，都生動地利用戲劇性的演出來激起觀眾的購買慾，讓你不得不掏出腰包。

不只是商業上，整個生活也都可以戲劇性的演出。

戲劇性的演出對小孩子也有效。凡德有個五歲的兒子和一個三歲的女兒，他們總是把玩具弄得滿地狼籍。於是他想到一個火車的遊戲——讓男生當車頭，然後牽引妹妹的手推車。一到了晚上，妹妹就把玩具都放在手推車上。一聲出發，哥哥就把車子開回倉庫。如此一來，不須責罵就把玩具都收拾好了。

印地安那州的威魯菲覺得問題再不和上司談談是不行了。他申請禮拜一早上和經理會面，但因經理很忙，所以並未被批准。去拜託秘書，但也不行。他說：結果我等了一個禮拜。我去問秘書，而他也只是告訴我不能見到經理。我拚命設法去見經理。結果我決定這樣做——首先，先寫一封正式的信給他：「我知道您這個禮拜都很忙，但我非跟您談談不可。」

我並附了一張簡單的收信人回函，上面是這樣的：

請回答下面的問題：

一、會面的日期　？月？日　上午／下午　？時？分

二、會面的時間　？分鐘

信是上午十一點寄到經理室的。下午兩點我去看我的信箱，咦！那不正是我寄出的信嗎？經理自己回答了我的問題，並且約我當天下午面談十分鐘。就這樣我和他見面了，並且談了一個多小時，最後，問題也全部解決了。如果我沒有想出這戲劇性的一幕，想必到現在我還無法見到他。

《美國周刊》的博伊德要作一篇很長的市場報告。有一家一流的冷霜廠商不知要不要降低產品的售價，因爲此時別的廠牌都在削價競銷，戰爭進入白熱化。他提出他調查的方法，但雙方談話卻不投機，爭辯的結果，當然是鎩羽而歸。他說：

「第二次我再也不拘泥圖表數字的資料，而把調查的結果做了一次戲劇性的演出。一進他的房間，他正在打電話。我便從皮包裡拿出三十二瓶冷霜擺在他桌上。把他所知道的產品，也就是與他競爭的產品全部排出來給他

看。每一瓶都附有調查結果的紙條，包括銷售實況及商標歷史，用這種戲劇性的演出為他做出富有趣味的報告。

「結果相當滿意，不像上次那樣。他拿起每一瓶冷霜，讀上面的說明。這次的報告進行得很輕鬆，他也深覺有趣。原本我們預定只會談七分鐘，可是後來二十分鐘過去了，四十分鐘過去了，最後延長為一小時，而我們還談興正濃……」

「我提供的事實與上次沒有兩樣，但這次我加了一點表演的手法。結果卻出乎意料的大不相同。」

打動人心的原則之十一——

以表演的手法達到目的。

12 善用激將法

鋼鐵大王卡內基的助手史考伯管理下的某鋼廠，總是業績不佳。他問該廠主任：「我覺得你很有才幹，但是爲什麼業績不彰呢？」主任答：「我也不知道。我用盡了各種辦法，總是無法讓員工們勤快的工作。」

剛好那時是日班和夜班的換班時間。史考伯就問日班員工：「你們今天完成了幾件？」得到的回答是：「六件。」

史考伯什麼也沒說，拿起粉筆就在黑板上寫了個「6」字。夜班的人來了看到這個字，就問日班員工到底是什麼意思——

「老闆今天來工廠看過了，他問今天完成了幾件，我們回答他六件，他就在黑板上寫上一個——6！」

第二天早晨，史考伯又來了，他看見夜班工人已把「6」擦掉，改寫上一個「7」字。

日班的來上班時，看見黑板上寫了斗大的「7」字，心想夜班工人竟比日班能幹。於是燃起了競爭的意識，努力工作，下班時黑板上留下了大大的「10」字。就這樣，該廠的工作效率不斷地提高了，業績超過其他各廠。

史考伯這位優秀的領導者說：「競爭心是很重要的。這並不是金錢上的競爭，而是能力才幹上的競爭。」

如果不是爭強好勝的刺激，老羅斯福也許不會當上總統。他剛從古巴回來，即被推爲紐約州長的候選人。但是反對黨因他在紐約住得不久，還不夠被選的資格而加以反對，這使他很是灰心而想退出選戰。但當時的黨魁萊德以嚴肅的態度和激勵的口吻對他說：「你還算是英雄嗎？你根本是個懦夫！」

就因爲這句話，激起他放膽一搏的勇氣，這一奮起，不僅改變了他自己的一生，同時也影響了美國的歷史。

「每一個人都有恐懼的心。但是勇者會克服它並向前邁進，即使拚上一命也要爭取最後的勝利。」——這是古代希臘國王親衛隊的座右銘。

史密斯在當紐約州長時，找不到人來擔任「辛辛那堤」監獄獄長。因其內部很腐敗，所以風評不太好。史密斯想找個強人去治理，結果發現羅斯是最適當的人選。史密斯於是把他找來說：「怎麼樣，你願意管理『辛辛那堤』嗎？這個職務需要很有經驗的人。」

羅斯感到很爲難。因爲獄長時常在換人，其中只做了三個星期的也有。羅斯覺得如果答應了，一定很危險。

史密斯看了他躊躇的樣子，笑著對他說：「這件工作不簡單，你也不要勉強，實際上，這是一件大事，不是普通人能做的。」

羅斯於是決定立刻上任。後來他並因此成爲聞名的獄長。他的著作《辛辛那堤監獄二萬年》賣出了幾十萬冊。很多電影都是取材於他的書。同時，他對犯人所行的人道主義，也爲監獄帶來奇蹟式的改革。

橡膠公司的創辦者懷伊阿斯說：「我還不曾證明光用金錢就可以買來人們的才幹，我想主要是由於人們爭勝負的精神。」

偉大的行動科學家哈茲巴古也贊同他的說法。哈茲巴古研究了勞動階層對工作的看法。猜想推動人們樂於工作的因素是什麼——錢？好的工作條件？都不是，最大的關鍵是在於工作本身。如果這個工作很有趣的話，大家也都會燃起想做好這件工作的意念。

競賽是每個成功者所喜愛的活動，因爲能夠給他們自我表現的機會，想要有超越別人，滿足自重感，就必須要有刺激。

打動人心的原則之十二——

遣將不如激將。

〔備忘錄〕

打動人心、説服別人的十二原則——

原則1 贏得爭論的唯一方法——避免爭論。

原則2 不要指摘錯誤。

原則3 如果你錯了，就承認吧！

原則4 訴諸理性。
原則5 讓人樂於說「是！」
原則6 傾聽對方
原則7 如何啟發別人。
原則8 站在別人的立場。
原則9 同情別人的想法和希望。
原則10 喚起美好的心情。
原則11 以表演的手法達到目的。
原則12 遣將不如激將。

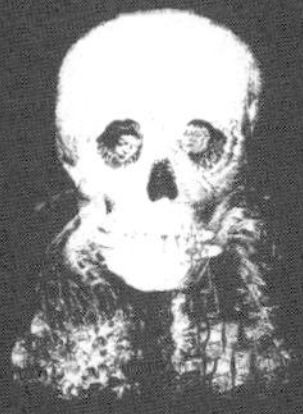

「第三部　發揮你的影響力
——改變對方的九個秘訣」

1 好話永遠不嫌多

有一次，我的朋友受到柯立芝總統邀請，在白宮渡週末。一進到總統的私人辦公室，他聽見總統正對一個女秘書說：「妳今天穿的這件衣服真好看，妳真是個漂亮的美人！」

平常不太說話的柯立芝總統，口出這樣讚美的話，實在是不尋常，竟使被讚美的女郎不安而滿臉通紅。總統說：「但，不要驕傲；我說這話是爲了使妳高興。今後，我希望妳對於公文上的標點符號要稍微注意一些！」

他的方法也許稍嫌露骨，但所運用的心理學卻是很好的。

在受人讚美以後，再聽些不快意的事，自然容易入耳得多。

一八九六年馬京利競選總統時就用了這個方法。當時有一位有名的共和黨員寫了一份競選的演講稿。他很自負，覺得自己是一代大演說家，便得意的把演講稿唸給馬京利聽。稿子雖無不當之處，但並未盡善，發表出去，恐怕要惹來激烈的批評。但是馬京利並不忍心傷這位共和黨員的感情，不能辜負他的一番熱心，然而還要對他說「不」字。

請注意他是怎麼成功的解決了當時的情況。他說：

「寫得實在很不錯，真是一篇精彩的演講稿，真是太好了。別人不會再寫出一篇更好的了，如果用在適當的場合，會有百分之百的效果！但用在這次特殊的情況是否完全合用？當然，以你的立場來看自然是再適合不過了。但我卻需從黨的立場來想。能否請你按著我特別提出的幾點再寫一篇，寫完了以後再送我一份。」

那位共和黨員明白以後，就照馬京利所說的重新寫了一篇。後來他終於成為那次競選中最出色的演講者。

接下來，介紹林肯第二封有名的信。（第一封有名的是寫給比克斯比夫人，弔唁她五個孩子戰死沙場）林肯很快完成那封信，而一九二六年拍賣時，竟以一萬二千元的高價賣出。那些錢比林肯自己工作五十年所存的還要多。

這封信是南北戰爭中最危急的時候寫的。當林肯所率聯軍已經連續戰敗十八個月，死亡人數直線增加，舉國驚慌。逃走的士兵有數千人之多，甚至於上院的共和黨員也叛變了，想把林肯逐出白宮。就在林肯慨嘆：「現在我們已面臨毀滅邊緣，只求神的幫助是不夠的，現在一絲希望也找不到！」的時候，寫下了這封信。

這封信使林肯改變了一位頑固的將軍，扭轉了國家的命運。

這是林肯當了總統以後，所寫最激烈的一封信。但他在責備密特將軍重大的過失以前，先讚美了他。

這個過失很嚴重，但是，林肯並沒有這麼說，他說：「對於你的做法，我有幾個地方覺得不好。」以下就是他寫給將軍的信：

我任命你為波多馬克戰線的指揮官。當然，我是很相信你，才會做了這個決定；但是有些地方你還未能使我滿意。

我堅信你是很勇猛，同時也是很優秀的軍人。我當然喜歡那樣的軍人，同時我也相信你不至於把政治與軍事混在一起。你自己亦很有自信，我對你亦絕對的尊重。

你是很有野心，在合理的範圍內當然很好。但我認為你在龐塞將軍指揮軍隊時，為了邀功違背命令，隨意行動，犯了嚴重的過失。

據說，你最近主張政治與軍事都需要一位獨裁領袖。當然，我是知道你有那樣的主張的，而我之所以命你為指揮官，並不表示我就同意你的看法。

只有立戰功的將領始能被推為獨裁者，目前我希望你首先得到的是軍事上的成功。果然如此，即使授你獨裁權亦無妨。

今後政治亦將全力指派指揮官協助你。我深恐軍隊受了你的影響而責難長官，而今此事將臨到你身上，我願竭力助你，以防止那樣的事態發生。

一旦有那樣的事發生，即使是拿破崙也無法獲得好的戰績。請你務必謹慎，不要輕舉妄動，千萬不可輕舉妄動，才可能爭取最後的勝利。

我們既非柯立芝，亦非馬京利，更非林肯。但是我們應該知道的是，做事的方法會給我們日常的工作帶來什麼樣的影響。

華克公司承包了某項建築工程，須在指定的日期內完工。每一件事都進行得很順利，眼看就要完工，忽然承攬銅飾的業者通知他們說無法如期交貨。這樣一來就糟了，現在只因爲這件事，將使全部的工程無法完成。

雖然試著打長途電話去責罵對方，但是事情並未因此而獲得解決。所以，高德華就奉命到紐約去。

高德華一進該公司的經理室，開口就說：「你的姓名在布魯克林是獨一無二的。」經理很驚訝的說：「是嗎？連我都不知道呢！」

高德華繼續說：「早上我下了火車，爲了查這裡的住址就翻了電話簿。發現布魯克林找不到一個和你同姓同名的。」

「我從來不曉得這個！」經理於是熱心的查起電話簿，並得意的說：「是啊！這個姓真的少見。我的家庭是二百年前從荷蘭移來紐約的。」

高德華又褒獎了他的工廠的規模和設備：「啊，整頓得非常好，實在是一流的工廠。」

那位經理聽了以後說：「我費盡一生的精力在這個工廠上，我真的覺得滿驕傲的。你願意到各部參觀參觀嗎？」

高德華邊參觀邊讚美他的設施和制度，直誇比別家工廠優秀。經理得意的說著自己發明的一種機械，也花了很多的時間操作那些機械給高德華看。

後來他又堅持請高德華吃飯。至此，高德華對於他此行的用意未提一字。飯後，經理就先開口說了，「現在讓我們把話題移到那筆生意上吧！當然，我十分清楚你這次來的目的。但我沒想到會和你聊得這麼愉快。現在，縱使會耽誤其他公司訂購的東西，我也會把你的東西趕出來，讓你的工程不致延誤。請你安心的回去吧！」

你看！高德華自始至終未曾拜託那位經理，卻圓滿的達成任務，而那棟建築也如期的完工了。如果高德華用一般的強硬手段，不知道會引起什麼樣的結果。

以下再說一則提高部下工作效率的故事。分店長說：「我們的分店最近來了一名出納，這個女孩招待顧客的方法非常正確也非常好，但是問題就出在關門以後帳目的核對上。出納組長覺得應該解雇那女孩。他說：『那個女孩在帳目的核對上總是慢吞吞的，因此，全部的工作就沒辦法一起完成。再怎麼告訴她，她都無法了解，如此只好準備把她開除。』

第二天，分店長去看那個女孩的工作情況，發現她普通的業務做得迅速而正確，招待顧客也很周到。事後，他說：「我知道她爲什麼在核對帳目時會這麼慢了。打烊後我走到她身旁，決定與她談談話。但是她卻顯得很慌張，我就先讚美她對客人良好的應對，這一番讚賞之後，她很樂意的接納我的建議，只花了一點點的時間，她就對核對帳目的工作很熟練，再不會有什麼問題了。」

先讚美對方，就像牙科醫生先將病人局部麻醉一樣。當然，也許事後會很痛，但是麻醉卻可以先止痛。

改變對方的原則之一——

首先，讚美對方。

2 有技巧的指出他人錯誤

史考伯先生有一天正午偶然走過他的一所鋼鐵廠，看見幾個工人在吸菸。在那幾個人的頭上，就懸有「禁止吸菸」的牌子。

你想，史考伯會指著那塊牌子說：「你們不認識這四個字嗎？」啊，不，史考伯絕不那樣做！他只是走到那些工人面前，取出自己的菸盒，給每個工人一支菸，並說道：「伙計們，假如你們能到外邊去抽就更好了。」

他們曉得違反了規則，並且十分欽佩史考伯，因爲他不但未指責他們的錯，反給每人一點贈品使他們自覺高貴。像這樣的人，你能不喜愛嗎？

費城大百貨公司的主人梅納克也用過同樣的技巧。梅老先生每天親自到他的公司走一趟。有一次，他看見一位顧客自己站立在櫃台前觀看，沒人注意她。售貨員呢？她們全聚在櫃台遠方的角落裡正在談笑風生呢！於是，梅老先生不發一言地走進櫃台裡邊，親自招呼客人，等東西買齊了，他才交給店員拿去包裝。

公職人員常被抱怨不會待客，事實上他們是很忙的。因此他們的秘書在爲其上司著想的情況下，不免常令求見的人們吃閉門羹。長年擔任佛羅里達州奧克蘭市長的卡爾·蘭各佛多有意「開放門戶」，但是在他向部下公開這個政策以後，來求見的市民仍屢遭擋駕。

市長爲了解決這一問題，他斥責部下嗎？不，他絕不這麼做，他只是將市長室的門卸下。於是，市長大人的真正意思不就昭然若揭了嘛！這種委婉的傳達方式，是何其友善啊！

一句話，便可決定你是否可說服人。批評人時，要以誇獎來開始，以「而且」來轉折。但一般人總是一開口便是批判性很強。

要小孩用功時如果這麼說：「強尼，爸媽爲你這學期的成績感到很驕傲，『但是』——我們認爲代數若能再用功一點，成績一定更好。」

一開始被誇獎了，那顆奮起之心剛剛受到鼓舞，接著卻又來了「但是」的字眼，讓人懷疑其誇獎是否真心，也許是爲了批評才這麼說的，疑心一生，鼓舞的作用便前功盡棄了。

何不把「但是」改變成「並且」呢？這樣一句話的更改，便是成敗的關鍵。

批評神經質的人，尤其要慎用委婉的忠告法。以下是傑可夫太太和散漫的建築工人之間的故事，傑可夫增建住宅，工事開始後兩三天，傑可夫太太下班回家一看，竟是滿庭木材碎片散置，凌亂不堪。她心裡抱怨，只有自己撿拾木材碎片，整齊地堆在庭院一角。次日，她叫來監工說：「昨天由於你們走了之後，把工地收拾得很乾淨，鄰居都沒抱怨，我很高興。」

此後，工人們的清理善後及監工的檢查庭院，便成了他們下班前的例行公事。

一八八七年三月八日，最善講道的畢奇牧師逝世。亞伯特牧師受邀在下一個星期日登壇講道。他急於展現他最大的才華，便事先把講詞寫出來，並一再加以修飾潤色。寫好之後，他先讀給他的太太聽，然而那篇演講詞實在欠佳，與多數寫出來的演說文一樣。假如她缺乏判斷，她一定會說：「亞伯特，那真是遭透了！你會叫聽講的人睡著了，讀起來像是無味的教科書。你講道多年應當很明白，天啊！你爲什麼不像平常人一樣講話呢？不能再自然一點嗎？假如你讀出像那樣的一篇東西，真要把你自己給侮辱了。」

當然她可以那樣說，假如她當真那樣說了，結果怎麼樣？你可以想得到，她也知道，因此，她這樣說：「如果把那篇文章拿到《北美評論》上發表，的確是一篇好文章。」換句話說，她誇獎了他，同時暗示說這樣的詞句不適於用作講道之用。亞伯特明白了這一點，遂把那篇很費心的底稿撕破，直接登台去講道。

欲改變他人的意見，而不招怨恨的方法是——
間接指出他人的錯處。

3 刮別人鬍子前，先刮自己的鬍子

數年前，我的姪女約瑟芬離開坎薩斯的家，到紐約來當我的秘書。她只有十九歲，一年以前剛剛畢業，商業經驗幾乎沒有。現在她已經是一位很能幹的秘書了，但起初我看她實在是有待改進的。

某一天，當我要批評她時，突然想到了，「且慢！你比約瑟芬大一倍的年紀，你的辦事經驗比她多一萬倍。你怎麼能期望她具有你的觀點、你的老練、你的見地呢？等一等！戴爾，你自己在十九歲時又是什麼德行？還記得你那時所做的蠢事嗎？記得你做這個……那個……的時候嗎？」

想完了這些以後，我誠實公允的判斷十九歲的約瑟芬比我當年好得多。所以從此以後，每當我要提醒約瑟芬的錯處時，我總是這樣說：「約瑟芬，妳犯了一點錯誤，但是天曉得，妳並不比當年的我錯得更糟，妳不是生下來就會判斷，這需要由經驗中得來；並且妳實在比當年的我好得多了。我自己曾犯過很多可笑的錯誤，我絕不想批評妳或任何人。但假如妳用別的方法去做，妳想是不是更好一點？」

批評人的人先謙遜地承認他自己絕不是毫無錯處，然後再指出他人的過錯，總比較容易入耳一些。

一九〇九年德國總理布羅親王深切感覺此事之重要。當時德意志在位的是目空一切、高傲至極、妄自尊大的威廉二世。他建設海陸軍欲與全世界爲敵。

於是，一件驚人的事情發生了。德皇說出一篇極離奇的話，震動了歐洲，影響到全球。最糟糕的是德皇把這些可笑、自私、荒謬的言論，在他往英國作客時當眾發表出來，並且允許《每日電訊》照原意在報紙發表出來。例如，他宣稱他是唯一覺得英國人是友善的德國人，他說他建設海軍爲維持歐洲利益；說只有他一個人才能使得英國不致於屈辱於法俄兩國之下；又說英國的羅伯特爵士在南非戰勝土人是出於他的計劃……等等不及細載。

一百年來的和平時期，歐洲沒有一位國王曾說出這樣驚人的話來。全歐洲像被激怒的野蜂般嘩然起來，而以英國尤甚。德國的政治家也爲之震駭，在這種驚慌期中，德皇也漸漸有些著急，他向布羅總理暗示要他代爲受過。是的，德皇讓布羅總理聲明那些話應由他負責，是他建議國王那樣說的。

布羅辯駁道：「但是陛下，我恐怕德國人或英國人不相信我會建議陛下去說那些話。」布羅說出這句話之後立刻覺得大錯。德皇勃然大怒。

他喊道：「你認爲我是個笨驢！你都不至於犯的大錯，我都做出來了！」

布羅知道應該先稱讚然後再斥其錯誤，但是因爲已經遲了，他只有退而求其次，他在批評之後趕快加以讚美。這樣的補救法立刻現出奇蹟。

他恭敬的答道：「我絕未含有那種意思。陛下在許多方面都遠勝過我：當然不僅限於海軍的知識，尤其是自然科學。陛下每次講風雨表，無線電報等科學理論時，我都是異常欽佩地一旁傾聽，我自己很慚愧對於各門自然科學一竅不通，物理、化學的概念一點也沒有。極普遍的自然現象也不能解釋，但是略可補償的，我對於歷史知識還曉得一些，並略有一點政治才能，尤其是外交上有用的品德。」

德皇露出笑容，因爲布羅誇獎了他。布羅理抬高了德皇而把自己說得很謙遜，德皇聽後馬上忘掉所有的不快，他很熱誠的說道：「我不是常對你講，你我是互相成就彼此的名譽嗎？我們須團結一致，而且，我們也一定會這樣的！」

他同布羅大握其手不僅一次。並在當天下午極其熱忱的握緊雙拳對別人喊道：「誰向我說反對布羅總理的話，我一定把他的鼻子打歪！」

布羅救了自己——但是以那樣聰明的外交家還難免有錯：他應首先說自己的弱點，稱讚德皇的長處，而不可暗示德皇不夠聰明，需要人輔佐。

假如幾句自謙而稱讚別人的話，可以把盛怒之下傲慢的德皇變成熱心的朋友，請想像謙遜與讚美對你我的人際關係上又有怎樣的效用？用得恰當時，真可以有預想不到的奇蹟！

欲想改變他人的意見且不招怨恨，定律之三是——

在批評他人之前，先說出自己的錯誤。

4 用商量的口氣代替直接的命令

最近我同美國名人傳記首席作家塔白爾女士在一起吃飯。我告訴她我打算寫這本書之後，我們開始談論與人相處融洽的重要問題。她告訴我當她要寫歐文的傳記之前，曾去訪問與歐文同在一個辦公室有三年之久的某位先生。

這位先生說他與歐文相處三年，從未聽見過他直接命令任何人，他給人的總是溫和的建議，而不是嚴厲的命令。

歐文先生從來不說「做這個或做那個。」以及「不要做這個或不要做那個。」

他時常說「你可以考慮一下。」或是「你以為那樣做可以嗎？」

每當他寫完一篇信稿之後，他常問道：「你以為如何？」

當他看完助理寫的信之後，常說：「或者我們這樣措辭比較好一些。」

他永遠給予人自動改進的機會，他絕不告訴他的屬員應該怎樣去做，而讓他們從錯誤中去學習。像那樣一種技巧可以使人容易改正錯誤，保全一個人的自尊，並且給人一種自重感。那會使他合作感。

欲改變他人的意見，而不招怨恨——要用商量的口氣，代替直接的命令。

5 保全他的面子

若干年前，美國奇異電器公司遭遇到一個很棘手的問題，就是打算撤掉史坦米斯的主任之職。史氏是一位大天才，但他當電工計算部的主任，卻等於是廢物。公司內部卻又不敢冒犯他，因爲他是公司裡的大人物，而且又極敏感。因此，公司特別給他一個新職銜。他們請他當奇異公司的顧問工程師，而另派一個人代替該部主任。

史坦米斯很高興，奇異公司的老闆也很滿意，因爲和平的調動了一位有怪癖的人物。結果風平浪靜——讓他保全他自己的面子。

「讓他保全他自己的面子」這是如何的重要！但是有幾個人注意到了？保全他人的面子，多麼重要！但我們卻是時常做一些傷感情的蠢事，我們挑剔、恫嚇、爲所欲爲，當著別人面前指責小孩或員工，毫不考慮別人的自尊。其實，這一切是可以改善的，僅需要幾分鐘的細想，一兩個原諒的字，真實諒解他人的情形，便可以減輕很多刺痛。

讓我們記住下次要辭退一個僕人或雇員的時候，該當怎樣做——

會計師葛倫傑給我一封信，內中有云：「開除雇員並無很大樂處。被辭者更爲掃興。我的業務都是有季節性的。因此每年三月都要辭掉一些雇員。在我們這一行有一句俗語：『沒有人願意掌管斧頭』。結果，形成一種趨勢，即愈迅速解決愈好。在解聘雇員時，總是這樣直截的說：「請坐，先生，這一季忙碌的時候又過去了，我們沒有許多工作可以派給你，當然，你事前明白我們只是在忙的一季聘請你來……」等等。

「聽完這一套話的人，當然很失望，並且在心上烙下『被辭退』的刺痛。他們都是幹會計職業很多年了的，他們對於這樣草率辭退他們的公司，絕不會存有任何好感的。

「最近我決定在辭退額外雇員時，稍用一點機智與體貼，因此我把每人此一季的工作成績細想一遍之後，才召見他們，我對他們的談話是這樣的：

『先生，你這一季的工作成績很好。前次派你去紐約市辦那件事，確實不易；然而你卻辦得很妥當，本公司有像你這樣的一位職員實在很感自豪。你很能幹，你的前途遠大，無論到什麼地方做事都會成功的。本公司相信你，並且請你不要忘記！』

「結果如何？被辭退的人心中好受得多了，他們也不會覺得是受冷待，他們知道假如我們再有工作時，一定還聘用他們。並且我們當真下季又請他們來時，他們對本公司更加有親切的感情。」

已故莫洛維特先生有一種不可思議的神奇才能，專擅勸解兩個勢如水火的仇人。他怎樣辦到的呢？首先他精細的尋找出雙方都對都有理的事實—他極力誇獎，鄭重聲明，小心的使之顯明——並且無論最後是怎樣的解決，他絕不說任何一方有錯。

那是每個仲裁者都懂得的——讓人們保全他們自己的面子。世界上真正的偉人絕不只凝視他們自己的成就。讓我們舉一例以明之：

經過幾世紀的激烈對敵，土耳其人於一九二二年決定要把希臘人從土耳其國境驅逐出去。土國總統凱瑪爾對他的士兵沈痛的說：「你們的目標是地中海！」接著激戰開始，結果土軍獲勝；並且當希臘的鐵考拔斯及狄翁尼斯兩位將軍前往凱瑪爾將軍處請降時，沿途大受土耳其人的辱罵。

但是凱瑪爾卻無一點勝利者的驕態。他握著他們的手說道：

「二位請坐，你們一定覺得疲倦了。」於是他細談此次戰況之後，打算減輕他們戰敗的苦痛，便說道：「戰爭就像一種競賽的運動，好手有時仍不免失誤。」

雖然在全勝之下，凱瑪爾將軍還不忘一條重要的規則，就是——讓他人保全自己的面子。

6 不要吝嗇你的讚美

我同馬戲團教練巴勒很熟，他常帶著狗和小馬到各地巡迴演出。他訓練狗的各項技藝，非常有趣。只要做得不錯的話，他就會去撫摸牠，或給牠肉吃，並不斷的誇獎牠。這種訓練方式，絕不新奇，幾世紀來動物的訓練，就一直是用這種方法。

但我們卻爲什麼偏不採用這種方法呢？爲什麼不以肉代替鞭子？不以讚美代替責備？即使對方只有少許的進步，我們不妨誇獎他一下，這樣他就會生出一股力量，努力的更加向前邁進。

心理學家雷柯寫下了這樣的話：「讚美的話如同陽光，沒有它，花就不能開。但是我們卻常常潑人冷水、批評別人；很少讚美人，給人一點溫暖的陽光。」

我也曾因爲別人的些許讚美而改變我的人生，我想大家或許也和我有相同的經驗——人類有很多因讚美而改變的歷史。

五十年前，意大利有一個十歲左右的少年在拿波里的一間工廠工作，他很想成爲聲樂家，但是他初學時的老師告訴他，他不適合唱歌，說他喊出的聲音簡直像風吹窗板一樣難聽，這使他很灰心。

但是他的母親，一個貧窮的農婦，卻摟著他，溫柔的鼓勵他：「我相信你一定能成爲一位了不起的聲樂家。因爲你已經愈唱愈好，愈來愈進步了。」

他的母親不斷努力地工作，好讓他去學習音樂。因爲母親的誇獎與鼓勵而改變了他的一生。他的名字，也許讀者也知道，他就是——卡羅素。

十九世紀初，倫敦有一個青年一心想成爲作家。但他卻沒有任何有利的條件，只上了四年的學校，父親又因爲負債而入獄，過著連飯都吃不飽的日子，於是找了一份工作。那是一份像在老鼠窩的倉庫中，貼標籤在容器上的工作。晚上他就和另外兩個少年一起睡在惡臭的小閣樓裡。

那兩個窮孩子是貧民窟的流浪兒。他因爲缺乏自信，又怕別人笑他，所以選擇晚上大家都睡著以後，把小說稿寄出。他接二連三的寄出許多，但全遭到退回。

最後，終於有一篇被採用了。他沒有拿到任何的稿費，卻獲得編輯的誇獎。他被肯定了，激動得流下眼淚。那篇作品被刊登出來，影響了他的一生。如果不是那樣，也許他就在倉庫過了他的一生，這個少年就是英國大文豪——狄更斯。

五、六十年前，有一個少年在倫敦的一家紡織品店做工。早上五點起床打掃，然後是一天十四小時的苦工。這麼辛苦的工作，使他覺得無法忍受。因此在忍耐了兩年之後，有一天早上，連早餐都沒吃就離店，走了十五公里的路，回到他當傭人的母親那裡。

他十分委屈地哭著告訴他的母親，他實在無法再忍耐，與其再做下去，不如死了算了。後來，他遇到了母校的校長，就寫了一封長信告訴校長他現在的苦境。校長回信告訴他說，他極聰明，不適合做那樣勞動的工作，應該做些勞心的工作。於是提供了他一份教書的工作。

由於校長的賞識，改變了這少年的一生，使得他在文學史上留下了不可抹滅的功績。這個寫出七十七本書，並賺入百萬美元以上的人，就是赫赫有名的英國歷史學家——威爾斯。

史基納的教育的基本想法是：「少用批評，多讚美。」

這位偉大的心理學家，根據人跟動物的實驗，證明了多加讚美可以使原來好的行爲更好，並且可以抑制壞的行爲。

加州的羅拔就把這個原則應用到他自己的印刷公司。有一次公司的印刷物被退回來，出錯的是一個不勤奮的新進員工。主任因此正想解雇他。

羅拔直接到工廠去找此人談話，先是誇獎他技術很好。而這個年輕人也誇讚了這個公司。由於羅拔的誇讚而一改這個年輕人對公司的態度。他把他與廠長談話的內容告訴同事，之後他成爲這個公司忠誠的從業員。

這並不是羅拔給這個年輕人戴高帽子，而是羅拔明確的指出該青年所做的東西好在哪裏。任何人一定都很高興被誇獎，但必須是具體而有誠意的誇獎。

總之，誇獎並不是一味的說對方喜歡聽的話，而是必須足以影響對方的實際的話。我們希望別人給我們肯定，但須警覺那些拍馬屁的假話。

本書的原則，僅限於衷心誇獎而得到的效果，並不是什麼社交權術。改變一個人，如果能讓對方知道自身的潛能，不僅可以收到效果，甚至可以創造出一個全新的人。

美國的心理學家兼哲學家威廉．詹姆斯說：

「我們往往只發揮一半不到的才能。我們只活用了我們肉體與精神的一部分。概括的說，人並沒有善用寬闊的生活空間，而只是活在狹小的範圍內，無法利用本身擁有的各項能力。」

讀了這一段話可以知道，我們往往無法把本身擁有的能力發揮出來。而原有的各種潛能就在不知不覺中逐漸的腐朽、退化了。

因此，批評會使人的能力萎縮；鼓勵與讚美可以把人的能力發揮出來。

改變對方的原則之六——

即使是小小的進步，也要由衷的讚美。

7 神奇的話術

本來一直做得很好的從業員，一旦表現失常，該怎麼辦呢？印地安那州的卡車販賣公司服務部經理漢克手下的一名機械工，工作情況顯著的變得不好。但漢克並沒有責罵他，或解雇他。只是把他叫到自己的辦公室說了一些話：

「比爾，你是一名很好的技工，經驗也很豐富，很多客人都很誇讚你的技術。但是最近你的工作情緒低落，工作效率也不太好。以前你一直是個很出色的技工，不是嗎？所以這次找你來談話，是要和你一起來想解決的辦法。」

比爾似未察覺自己工作效率低落的現象。但現在的工作絕不是比爾的工作能力所不及的，於是他和上司約定要更努力工作。

比爾確實遵守了這個約定，變得和以前一樣，工作得快又好，仍然是一個很出色的技工。像漢克這樣誠心爲部下立下一個努力的目標，部下當然會盡力朝此目標奮力邁進。

波魯得威汽車製造公司的威克廉經理說：「找出好的地方，並告訴他，他就會朝著那個方向去努力。」

重要的是，若要矯正對方的缺點，就必須先告訴對方優點。莎士比亞也曾說：「即使沒有某種能力，也要假定有。」你可假定對方有你所希望於他的才能。

魯布林克女士在她《我與梅特林克的生活》中，記載了像灰姑娘命運的少女故事：

「有個女孩從附近飯店帶來了我的午飯。大家都叫她『洗盤子的瑪麗』。因爲她最初是在廚房洗盤子的。這個瑪麗長得並不好看，並且有點斜眼和八字腳，十足醜陋的可憐少女。有一天，這個女孩用紅腫的手捧著一盤通心麵向我走來時，我稱讚她是一個乖巧可愛的女孩。一向都很內向的瑪麗，聽了我的話後，沈默了一下子。

「她是個沒有勇氣向別人表達自己內心感受的孩子。不久，她把通心麵放在桌上，回到廚房，並把我對她的話告訴大家，但似乎沒有半個人相信。

那件事之後，大家竟對瑪麗好多了。事實上，這樣不可思議的變化，最主要還在於瑪麗本身。她堅信我對她所說的話，自己努力奮鬥，對別人和顏悅色，最後大家根本也就忘記了她的醜。

「過了兩個月，我接到了她要和主廚師結婚的通知。她十分興奮的告訴我，她現在變成一位淑女了。由於我對她說的一句話，竟完全改變了她的一生。」

魯布林克女士對「洗盤子的瑪麗」抱有期望，讓她以此為目標邁進。終於改變了瑪麗的一生。

佛羅里達州食品公司推銷員巴卡，想把最近公司的新產品推銷出去，但是一家很大的食品市場老闆卻拒絕他所推銷的食品。

失望的巴卡在經過一天的思考後，決定在回家以前再去和該老闆談談。

巴卡對老闆說：「我想了很久，大概是我說得不夠詳細，能不能讓我把今天早上遺漏的地方，佔用您一點時間再詳細說明一下。我一向很尊敬您，因為您是願意用心聽人說話，並在了解後改變初衷的好人。」

於是，這個老闆就聽了巴卡想對他說的事情。受人讚賞，爲了不辜負人家的肯定而努力，是人之常情。

有一天早上，愛爾蘭都柏林牙醫師馬丁聽到病人告訴他，漱口杯很髒時，他幾乎嚇了一跳，同時覺得非常不好意思。因爲病人漱口時接觸嘴巴的是一層紙，所以馬丁博士並沒有發現包在那層紙外面的金屬已經髒了。

病人回去以後，馬丁博士在自己的辦公室寫了一張紙條，留給每週來診所打掃一次的婦人普莉吉德。上面寫著：

「普莉吉德小姐，因爲我們很少碰面，所以無法當面向妳道謝。謝謝妳總是把診所打掃得這麼乾淨。但是一個禮拜二個小時的打掃好像太少了些，例如，偶爾把漱口杯外圈的金屬清潔一下……請妳自己把時間調整一下。當然，超過的時間，我會照付薪水。」

第二天，馬丁博士到辦公室，發現辦公桌變得很乾淨，椅子也擦得很亮。又過了一天，他再進辦公室，看到漱口杯也變得非常清潔。只因爲讚美了普莉吉德日常的工作努力，她爲了不負醫師對她的誇獎，所以更努力的打掃。而儘管她打掃得這麼徹底，卻也沒有把時間延長。

紐約小學四年級老師赫浦金斯夫人，開學時看了她所要接的班級學生名單時，著實大感頭痛。因爲其中有個全校公認最惡劣的學生，大家都叫他「壞蛋湯米」。

三年級時的他，已是全校聞名：他最會搗蛋，喜歡在上課時破壞秩序，和男同學吵架，並作弄女孩子，把老師的話當耳邊風。但他也有一些優點，比方說記性很好、很快就能了解課業的內容……

赫浦金斯老師決定要解決湯米的問題。在新學期一開始時，她就站在講台對每一位學生說話。她稱讚她的學生魯絲的裙子很漂亮；接著又稱讚莉亞西很會畫畫。

輪到湯米時，她對湯米說：

「你是天生的領導者。我覺得我們是全四年級裡不錯的班級，從今年起，我要使我們班成爲四年級最好的班級。從現在起就拜託你了！」

赫浦金斯老師總是一直稱讚湯米，她斷言湯米一定是個好孩子。受了好評的湯米，果然朝老師對他的評價努力，終於不負老師的一番期許。

改變對方的原則之七——
贈人美名使他努力去保持。

8 自信和勇氣是最好的良藥

不久之前，我那已四十歲、卻還是獨身的朋友，終於與一位小姐訂婚。他的未婚妻要他去學跳舞。他說：

「我年輕時學過跳舞，但至今跳起來還是跟剛學時差不多，所以自己真有再學一次的必要。第一位教我的老師說我跳得根本不行。也許他說的是真的。但對第一次見面的我就說這種話，使我非常洩氣。後來我就不再去他那裡學舞了。」

「第二位老師並沒有說我跳得不行。他說我的舞步也許有點跟不上時代，但是基礎不錯，要記新的舞步並不困難。第一位老師只是一直強調我的缺點，而這位老師採取的卻是與他完全相反的方式。他稱讚我的優點，說我很能夠抓住節奏，是可造之才。我當然有自知之明，但他那麼說，卻振奮了我的精神。」

「由於他的讚美，我的舞藝的確進步了不少。因爲他的話，使我的精神爲之大振，有了一線新希望。所以決心好好練習……」

責罵人家是笨蛋或無能，無疑是粉碎了對方向上進取的心。相反的，如果你給他打氣，讓他知道你相信他的能力，那麼他就會爲了你的那份期許而全力以赴。

一提到橋牌就讓我想到耶米．卡魯巴松。打橋牌的人幾乎無人不知他的名字。

他寫了一些有關橋牌的書，被譯成各種語言，聽說賣了幾百萬本。當初如果不是一位年輕女性對他說：「你很有打牌天份」的話，恐怕他今天也不會走上這一行。

卡魯巴松一九二二年到美國，原本想作哲學或社會學老師，卻苦於沒有適當的機會。於是就去販賣石炭，可是失敗了。接接著又去賣咖啡，卻也不順利。

當時他根本沒想過要當橋牌老師。剛玩時實在不行，打從一開始到最後：他都一直問別人。結果沒人再想跟他玩。

後來他認識了一個漂亮的橋牌女教師，他們很快的墜入愛河，不久後就結了婚。她留意到丈夫會仔細分析手中的牌，覺得他很有玩牌的天分。卡魯巴松會成爲橋牌的權威，完全是因於他妻子的鼓勵。

俄亥俄州的瓊斯鼓勵孩子說，要克服缺點並不困難，終於改變那孩子的一生：

「一九七〇年，狄威德十五歲，他和我一起住在辛辛那屈。狄威德因爲車禍，以致額頭留下了一個很嚴重的疤。一九六〇年，我離婚了，狄威德和他的母親住在德州的達拉斯。一直到十五歲，狄威德都只在達拉斯的特別學校就讀。大概因爲額頭上的傷，於是學校當局就斷定他和一般的小孩子不一樣，沒有正常小孩的智力。

「狄威德在同齡小孩中，還不會背九九乘法，加法也只會屈指來算，字更是看不懂。他只有一個優點，就是喜歡摸弄收音機和電視，渴望成爲一個電視技師。於是我就鼓勵他，如果想成爲電視技師，就必須要學數學。首先，我準備了加減乘除四組算術卡片。我慢慢把卡片拿出來，他一答對，就放進寫有『完成』的盒子裡；答錯的話，告訴他正確答案後，把卡片放入寫有『改正過』的盒子去。經過一次又一次的練習，卡片終於都被放到『完成』的盒子裡。

「每次答對，他都很高興，尤其是第一次答錯而第二次答對時，更是興奮。每天晚上這樣反覆練習，一直到卡片都放進『完成』的盒子裡，我測量所需時間，一開始狄威德覺得很勉強。第一天五十二分，第二天四十八分，接下來幾個晚上是四十五分、四十一分、四十分。每次記錄被刷新，我和他都欣喜若狂。他媽媽也高興得摟著他又叫又笑。一個月後，狄威德終於在八分鐘內答對了所有的題目。只要記錄有些許進步，他就想再試一次。狄威德發現原來學習是這麼簡單又這麼有趣的事。

「當然，狄威德的代數成績有了顯著的進步。當數學成績驟升爲B時，連他自己也嚇了一跳。此外，狄威德的語言也進步神速，繪畫的才能也漸漸發揮出來。在那一學期裡，狄威德的理科老師叫他參加作品的展覽會。狄威德於是決定做很複雜的模型，是有關槓桿原理的說明。要做這項模型，除了要有描繪平面模型的技術外，還必須有應用數學的知識。狄威德的作品得到校內理科作品的第一名，之後，又被派去參加辛辛那屈市主辦的比賽，也榮獲第三名。」

像狄威德這樣，進度慢了其他小孩兩年，又因頭部受過傷，被其他學生稱爲「妖怪」的小孩，終於由於能夠記憶東西，進而能順利完成事情而產生自信。結果狄威德從八年級最後一學期開始到高中，一直都有很好的成績，並當選爲全國優等高中生。由於了解到學習的容易及趣味，使得他的生活面目一新。

改變對方的原則之八——

激勵別人，使他產生自信。

9 換個說法大不同

一九一五年，第一次世界大戰最慘烈時，令美國大為驚駭。能否挽回世界和平，誰也不知道。但威爾遜總統決心好好努力，所以派遣和平專使去和歐洲的軍閥們會商。

標榜和平主義的國務卿布萊恩很想擔任和平使節，因為他覺得這是他在歷史上留名千古的大好機會。但威爾遜卻派了另一個人——布萊恩的好友哈斯上校；他為了不與布萊恩傷感情，在日記裡寫著：「布萊恩聽了我的話後，明顯的露出了失望的表情。他一直以為總統會派他去的。我只好告訴他，總統認為不便派一位要人去商議此事，因為如果派他去，一定引起人極大的注意，並令人議論何以讓國務卿親自出馬……」

你可看出其中寓意？總統告訴布萊恩他的重要性，飽於世故的總統，遵守了人際關係的一項重要法則：「永遠使對方樂於做你所提議的事。」

威爾遜總統在邀瑪卡德入閣時，也用了這個方法。對任何人來講這是夢寐以求的榮耀。而威爾遜的作法卻讓對方覺得自己是格外的重要。

瑪卡德說：「威爾遜說現在正在組織內閣，如果我願意做財政部長的話，他會很高興。說實在的，他這麼說讓我覺得非常光榮。他讓人覺得，接受他授與的極大榮耀，反而是對他的幫忙。」

但不幸的是威爾遜總統未能始終用這種方法；否則，歷史可能就不同了。比方加入國際聯盟的問題，他激怒了上議院，並且忽視了共和黨的意見。像這樣不考慮人際關係的作法，使他的政治前途大受影響，同時也影響他自己身體的健康，減短了壽命。由於美國沒有參加國際聯盟，所以改變了歷史。

「使人樂於去做你所建議的事！」並不僅限於外交或政治。

印地安納州的菲利，做了以下的報告——

「兒子的工作是撿地上的落梨，事實上，傑菲並不喜歡這樣的工作。但不做也不行，所以地上常常有很多的落果沒有撿乾淨。我並沒有罵他，只對他說：『小傑，我想和你做個約定，你撿一籠的梨子，我就用一元把它買下來。等一下如果又有掉下來的，每一個我用一元把它買下來，好不好？』於是，小傑沒有讓一個落果留下，撿得很乾淨。一不小心就會讓隨時可能掉落的梨子留在地上。從此，他很專注的在做這件事。」

在西德參加了訓練班的史密特，在自己經營的食品店命令徹底實施在商品上標示價錢。因爲沒有標籤常會引起混亂，客人也因此而常常抱怨不已，然而遭顧客指責的女店員卻無動於衷。最後，史密特把這名女店員叫到自己的辦公室說：

「從今天起，由妳作本店所有標籤的負責人，麻煩妳了！」

由於被授與新的職務，所以該女店員改變了以往的工作態度，把上司交給她的任務完滿的達成。

當年拿破崙創立榮譽軍，分發了自己制定的瓊・都奴魯動章一千五百個給有功士兵，並且封手下十八將領爲「法國大將」，最後還把自己的軍隊冠上「大軍」的封號。有人批評拿破崙拿「玩具」哄騙軍人，他說：「人被玩意所支配。」

拿破崙的方法也就是把一些封號和權威加在他人身上。今天如果他把那些加到我們身上，我想我們會同樣受用。

要改變一個人，必須考慮以下事項：

1. 誠實。不要做無法遵守的約定。忘卻自己的利益，只考慮對方的利益。
2. 幫助對方，期待對方。
3. 替對方想，知道對方真的想要什麼。
4. 接受了你的幫助，對方會有什麼利益。
5. 給予對方所想要的利益。
6. 有事拜託對方的時候，說出當對方接受時會有什麼利益。

像這樣，對方不見得會有好的反應，但至少比較有可能改變對方。這是很多人的經驗。如果只有百分之十的成功率，至少就能提高百分之十改變他人的能力。這是這個努力所帶來的利益。

改變對方的原則之九——

讓人樂意去做你所建議的事。

〔備忘錄〕

改變對方的九個原則——

原則1 首先，讚美對人。

原則2 間接指出他人的錯處。

原則3 批評他人之前先說自己的錯誤。

原則4 用商量的口氣替代直接的命令語。

原則5 保全別人的面子。

原則6 即使是些微的進步，也要不吝於讚美。

原則7 贈人以美名，使他努力去保持。

原則8 激勵對方，使對方產生自信。

原則9 讓人樂意去做你所建議的事。

「附錄一 與人高效溝通的技巧」

1 用偉大的目標溝通

一次，一群上層人士發現自己竟置身於「風暴」中。風暴是個名叫毛里斯．高柏萊的人。以下是卡內基的朋友希爾——當事人之一的描述：

「我們圍坐在芝加哥一家飯店的餐桌旁。我們素聞此人大名，據說他是個雷霆萬鈞的演講者，他起立時，人人都目不轉睛地注視著他。」

「他安詳地開始講——一個整潔、文雅的中年人——他感謝我們的邀請。他說，他想談一件嚴肅的事，如果打擾了我們，請我們原諒。」「接著，他傾身向前，雙眼緊緊盯住我們。他聲音不高，但我卻覺得它像一隻銅鑼突然被敲裂。」

「『向你四周瞧瞧，』他說，『彼此相互瞧一下。你們可知道，現在坐在這個房間裏的人，有多少將死於癌症？五十五歲以上的人四個中就有一個。』」

「他停下來，臉上發起光來。『這是件平常卻嚴酷的事實，不過卻不必長久，』他說，『我們可以想出辦法。這個辦法是研究它的原因，並找出先進的癌症治療方法。』」

「他凝重地看著我們，目光繞著桌子一一移動。『你們願意協助完成這個偉大目標嗎？』」

「在我們腦海中，這時候除了『願意！』外，還會有別的回答嗎？『願意！』我說，大家異口同聲地說。」

「一分鐘不到，毛里斯．高柏萊就贏得了我們的心，他已經把我們每個人都拉進他的話題裏，他已經使我們站在他那一邊，投入他為人類福祉而進行的運動中。」

「毛里斯．高柏萊先生有極佳的理由要我們做這樣的反應。他與自己的弟弟拿桑，從赤手空拳幹起，建起了連鎖商業王國，年收入達一億美元。歷經多年艱辛和奮鬥，他們終於獲得了神話般的成功，不料拿桑不久即因癌症辭世。事後，毛里斯特意安排讓高柏萊基金會捐出了首次的一百萬美元，用於支持芝加哥大學的癌症研究計畫，並將自己的時間——他已從商場退休——全部用於提醒大家抗癌工作的關心與支持。」

「這些事實加上高柏萊的個性，贏得了我們的心。真誠、熱切、熱情——這是火一樣的決心，使他把自己給我們的幾分鐘，就如他長年累月把自己獻給一個偉大的目標——所有這些因素橫掃過我們，讓我們產生一種對演講者的佩服的感情，一種對他的友誼與一種甘為關切、甘為所動的意願。」

高柏萊不愧爲雷霆萬鈞的演講者，他用一個偉大的目標攫取了聽眾的心，值得我們效仿。

摩根曾說，**真誠的性格是獲取信任的最佳方法；而它同時也是獲取聽眾信心的最佳方法**。

「一個人說話時的那種真誠，」亞歷山大·伍柯特說，「能使他的聲音煥發出真實的異彩，那是僞裝者假裝不了的。」

目標是前行的方向。越是偉大的目標，指示性越強。

只要你立志高遠，時常將偉大的目標「示」之於人，就可以贏得他人的心，使之與你同行。

2 思考時是智者，講話時是常人

假如你是專業性的技術人員——如律師、醫師、工程師，或從事特殊的商業買賣——在你面對一般聽眾演講的時候，請記住用一般的日常用語，必要時還需詳細解釋一下。

你一定對此要加倍小心，因爲許多人就是沒有注意到這一點而導致失敗。這些演講人完全沒有注意到一般大眾並不清楚那些特別用語，於是他們的演講弄得聽眾滿腦子糊裏糊塗、不知所云。

那麼，當你做專業性演講的時候，該怎麼做呢？以下是印第安那州前參議員比威利齊的建議，你可以作爲參考。

當你開始演講的時候，不妨從聽眾當中選出一位看起來最不聰明的人來當作對象，然後努力使那個人對你談論的東西發生興趣。卡內基認爲，只有把你的論點講得通俗明白，才會收到良好的效果。還有個更好的辦法，就是從聽眾當中選出一個小男孩或小女孩，這樣效果會更好。

告訴自己——若是大聲講出來讓聽眾知道——你要儘量使那個小孩明白你講的話，並記住你對許多問題的種種解釋。而且在演講之後，還能說出你究竟講了些什麼話。

亞里斯多德曾說：「**思考時，要像一位智者；但講話時，要像一位普通人。**」假如你不得不使用專業用語，就得先詳細說明一下，並確定每個聽眾都明白那些用語的意思。尤其是碰到一再使用的關鍵字，那就更得留意了。

當然，你沒有必要故意免去一些關鍵的專業用語。只要在用到的時候，記得說清楚便是。

智者之所以成為智者，是因為他站對了位置。

如果你也想成為一名智者，那就趕快尋找自己的位置——思考時是智者，講話時是常人。

3 一定要充滿熱情

一次，在哥倫比亞大學，我是三位被邀請上臺頒發「寇迪斯獎章」的評委之一。有六位畢業生，全都經過精心訓練，全都急於好好表現自己，可是只有一個例外——他們殫精竭慮只為贏取獎牌——取悅評委，卻忽略了說服聽眾。

他們選擇的題目顯然並非個人的興趣，而是基於演講技巧的發揮。因此一連串的談話只不過是演說藝術的操練而已。

這個例外來自祖魯王子。他的演講題目是《非洲對現代文明的貢獻》。他對他講的每一個字都充滿強烈的感情，而不僅僅是演講技術的操練。他講的都是活生生的事實，完全出自內心的信念和熱忱，他好像成了祖魯人民的代表，在為自己的土地發言。由於他的智慧、高尚品格和善良，他向我們「說明」：那塊土地人民是有希望的，渴望我們的瞭解。

我們把獎牌頒發給了他。儘管他在演講技巧上不能跟其他人相比，但由於他的談話充滿了真誠，燃燒著真實的光芒。

同祖魯王子相比，其他人的演講都只不過像「煤氣爐」微弱的火苗而已。祖魯王子在這遙遠的地方以自己的方式教給我們一課：僅僅運用理智和技巧，不能在演講中把自己的個性在聽眾的身上產生作用，還要充滿熱情，你對自己題目的誠摯信念必定感染他人，從而說服他人。

演講者以充滿感情和富有感染力的熱情來陳說自己的觀點時，很少會引起聽眾反感。

之所以說是「感染性的」，因為熱情就是那樣。它會將一切否定的、相反意見摒棄於一邊。你的目的是說服，請記住「動之以情」比「發之以思想」成果更大。

要激發聽眾的情感，使之同意你，演講人自己必須首先產生熾熱的熱情。不管一個人能夠構思多麼精緻的詞句，不管他能搜集多少貼切的例證，不管他的聲音多麼優美，不管他的手勢多麼優雅，如果不能真誠講述，這些都只是空洞耀眼的裝飾品罷了。

要使聽眾印象深刻，你自己必須先有深刻印象。你的精神通過你的雙眼而閃亮發光，通過你的嗓子而響徹大廳，通過身體釋放，它自會與聽眾良好的溝通。

態度決定命運。

當你滿懷熱情與人交往，自然也可以得到他人的熱情，從而使人際關係更親密，使你的人生更上一層樓。

4 用表達能力折服對方

一位英國人窮困、潦倒，走在費城的街道上找工作。他走進當地一位大商人保羅．吉朋斯的辦公室，要求與吉朋斯先生見面。

吉朋斯先生以不信任的眼光打量著這位陌生人。他的外表顯然對他不利——衣衫襤褸，衣袖底部已經磨光，全身上下到處顯出一副寒酸樣。吉朋斯先生答應接見他，一半出於好奇心，一半出於同情。

一開始，吉朋斯只打算聽對方說幾秒鐘，但話匣子一打開，這幾秒鐘就變成了幾分鐘，接著又變成了一個小時，而談話依舊進行著。談話結束之後，吉朋斯先生打電話給狄龍出版公司費城總經理羅蘭．泰勒——一個費城的大資本家。在接到吉朋斯的電話後，泰勒盛情款待了這位陌生人，並爲他安排了一份很好的工作。

這個外表看上去十分潦倒的男子，是靠什麼魔力在這樣短的時間內影響了如此重要的兩位人物的？此中秘訣可以用一句話來概括，那就是他對英語的表達能力。

原來，他是牛津大學畢業生，他到美國來是爲了完成一項商業任務。不幸的是，這項計畫失敗了，他被困美國，他此時既沒有錢，也沒有朋友，有家歸不得。好在他的母語說得非常標準，而且極其漂亮，他的語言立刻打動了聽他說話的人，而且使聽者完全忘了他穿的那雙沾滿泥土的皮鞋，他那襤褸的外衣，以及他那滿是鬍鬚的面孔。是他美麗的詞藻成爲他進入最高級商圈的護照。

這名牛津大學畢業生的故事多少有點不同尋常，但它也說明了一項廣泛而基本的真理，那就是：我們的言談，隨時會被別人當作評判我們的依據。

你也許會問：我們如何才能同語言發生親密關係？我們如何以美麗而且正確的方式把它們說出來？卡內基認爲，我們所要使用的方法沒有任何神秘之處，也沒有任何障眼法。這個方法是個公開的秘密。林肯就是使用這個方法獲得了驚人的成就。

除了林肯之外，還沒有其他任何一位美國人曾經把語言編織得如此美麗，也沒有人像他那樣說出如此具有無與倫比的音樂節奏的短句：「怨恨無人，博愛眾人。」

難道說，林肯——父親是一位懶惰、不識字的木匠，母親是一位沒有特殊學識及技能的平凡女子——特別受老天垂愛，賦予他善用語言的天賦？我們沒有證據支持這種推論。

當選國會議員後，林肯曾在華府的官方記錄中用一個形容詞「不完全」來描述他所受的教育。在他的一生當中，受學校教育的時間不超過十二個月。

林肯只從他的小學教師們身上獲得了很少的幫助及啓蒙，他的日常生活的工作環境對他的幫助也不大。他和頭腦最好的人物——各個時代的最著名歌手、詩人——結成好朋友。他可以把伯恩斯、拜倫、白朗寧的詩集整本地背誦出來。

他還曾寫過一篇評論伯恩斯的演講稿。他在辦公室裏放了一本拜倫的詩集，另外又準備了一本放在家裏。他經常抽空拿一本英國詩人胡德的詩集躺在床上翻閱。在白宮時，他也會抽空復習他早已背熟了的莎士比亞名著，也會批評一些演員對莎劇的念法，並提出自己對這部名著的獨特見解。

林肯熱愛詩詞。他不僅在私底下背誦，還公開朗誦，甚至還試著去寫詩。他曾在他妹妹的婚禮上朗誦過他自己的一首長詩。在他中年時期，他把自己的作品寫滿了整本筆記簿。

羅賓森在他的著作《林肯的文學修養》一書中寫道：「這位自學成才的偉人，用真正的文化素材把自己的思想『包裹』起來。他可以被稱之爲天才或才子。他的成長過程，同愛默頓教授描述的文藝復興運動領導者之一的伊拉斯莫斯情形一樣。儘管他已離開學校，但他仍以一種教育方法來教育自己，並獲得成功——這個方法就是永不停止地研究與練習。」

林肯，這位舉止笨拙的拓荒者，年輕時經常在印第安那州的農場裏剝玉米葉子、殺豬，以賺取每天三角一分錢的微薄工資。但後來，他卻在蓋茨堡發表了人類有史以來最精彩的一篇演說。當時曾有十七萬大軍在蓋茨堡進行一場大戰，有約七千人陣亡。

著名演說家索姆耐在林肯死後不久曾說過，當這次戰鬥的記憶從人們腦海中消失之後，林肯的演說仍然活生生地印在人們的腦海深處。而且即便這次戰鬥再度被人們回憶起來，最主要的原因還是因爲人們想到了林肯的這次演說。

著名政治家愛維萊特也曾在蓋茨堡一口氣演講了兩個小時。他說的話早已被人們遺忘，而林肯的演說卻不到兩分鐘——有位攝影師企圖拍下他發表演說時的照片，但等這位攝影師架起他那架老式的照相機並調準焦距之時，林肯已經結束了演說。

林肯在蓋茨堡的演說全文，已被刻印在一塊永不腐朽的銅板上，陳列於牛津大學的圖書館，作爲典範。研習演說的每一位後生，都應該把它背下來：

八十七年前，我們的祖先在這塊大陸上創立了一個新的國家。她孕育於自由之中，並且獻身給一種理論：所有人生來都是平等的。

現在，我們正從事一場偉大的內戰，以考驗這個國家，我們正在做一項試驗：究竟這個國家，或任何一個有這種主張和這種信仰的國家。是否能長存下去。我們在那場戰爭的一個偉大的戰場上集會。我們來此集會，是為了把那個戰場上的一部分奉獻給那些在此地為那個國家的生存而犧牲了自己生命的人，以作為他們的永久安息之所。我們這樣做，是理所當然，且恰如其分的。

可是，從更為廣泛的意義來說，我們無法奉獻，無法聖化，無法神化這塊土地。那些曾在這裏奮鬥過的勇敢的人們，生者和死者已經將這塊土地聖化，這遠非我們這點微薄的力量所能增減的。世界上的人們不太會注意，更不會長久地記住我們今天在此地所說的話。

然而，全世界的人們永遠不會忘記這些勇士在這裏所做過的事。相反，我們這些活著的人應該把自己奉獻於勇士們以崇高的精神向前推進而尚未完成的事業。更應該把自己奉獻於依然擺在我們面前的偉大任務——我們要從這些可敬的死者身上汲取更多的獻身精神，來完成他們為之獻出全部忠誠的事業；我們要在這裏下定最大的決心，不讓烈士們的鮮血白流；要在上帝的保佑下。使我們的國家獲得自由的新生；要使我們這個民有、民治、民享的政府永世長存。

一般認爲，這篇演說稿結尾的那個不朽的句子是林肯獨創的。

真的是由他自己想出來的嗎?事實上，林肯的律師業務合夥人賀恩登在蓋茨堡演說的幾年前，就曾送過一本巴克爾的演說全集給他。林肯讀完了全書，並且記下了書中的這句話：「民主就是直接自治，由全民治理，它屬於全體人民，並由全體人民分享。」

不過巴克爾的這句話也有可能是從韋伯斯特那裏借用來的，因爲韋氏在巴克爾講這句話的四年之前，曾在一封給海尼的覆函中說過：「民主政府是爲人民而設立的，它由人民組成，並對人民負責。」

如果進一步追根溯源的話，韋伯斯特則可能是從門羅總統那裏借用來的，因為據考證，門羅總統早在韋氏講此話的三分之一世紀之前就發表過相同的看法。那麼門羅總統又該感謝誰呢？

在門羅出生的五百年前，英國宗教改革家威克利夫就已在《聖經》的英譯本前言中說：「這本《聖經》是為民有、民治、民享的政府所翻譯的。」

遠在威克利夫之前，在耶穌基督誕生的四百多年前，克萊溫在向古雅典的市民發表演說時，也曾談及一位統治者應用「民有、民治及民享」的制度來治國。至於克萊溫究竟是從哪位祖先那兒獲得的這個觀念，那就已無從察考了。

在這個世界上，即使是最偉大的演說家，也要借助閱讀的靈感及得自書本的資料。

從書本中學習！它就是取得成功的秘訣。

一個人要想增加及擴大自己的辭彙量，他就必須經常讓自己的頭腦接受文學的洗禮。

語言有著神秘的力量，它甚至可以化腐朽為神奇。

要想擁有這種力量，只有一種方法，那就是加強語言修養。你還等什麼？抓緊時間吧。

5 有影響力的行為

美國南北戰爭結束後，當李將軍代表他的軍隊前往阿波麥托克斯鎮表示投降時，他穿著一套整齊的制服，腰邊還繫了一柄很珍貴的長劍。格蘭特將軍卻未穿外套，也未佩劍，只穿著士兵的襯衫和長褲。

格蘭特後來在他的回憶錄中寫道：「相比之下，我是個十分怪異的對象，而對方則是一名衣著漂亮的男士，身高六英尺，服飾整齊。」——未能在這個歷史性場合穿上合體服飾，成爲格蘭特將軍一生中最大的遺憾之一。

卡內基的技術研究所曾對一百位著名的商界人士進行過智力測驗。這次測驗內容與戰時陸軍用的相似。測驗結果是：在一個人事業成功的各種因素中，個性的作用遠遠勝過智力的作用。

這是一項意義極爲重大的結論：對商人而言，極爲重要；對教育而言，極爲重要；對專業人員而言，十分重要；對演說者而言，更是十分重要。

除了講前準備外，個性可能是演說中最重要的因素了。

著名演說家亞伯特．胡巴德就曾說過：「在演說中，贏取聽眾信任的，是演說的態度，而不是演講的內容。」卡內基認爲應該將這句話略作修正，那就是態度加上觀念，即個性。

但個性是一種模糊而且難以捉摸的東西，就像紫羅蘭的香氣一般，即使是最能幹的分析家也無法把握。個性是一個人的全部組合：肉體上的、精神上的、心理上的，它包括遺傳、嗜好、氣質、思想、經驗、訓練以及全部的生活經歷。它像愛因斯坦的相對論那般複雜，它也同樣幾乎只有極少數人能夠理解。

個性是由遺傳和環境所決定的，而且極難更改或改進，但我們可以使之強化到某種程度，使它變得更有力量，更具吸引力。不論如何，我們都可以努力對大自然賜給我們的這項奇異的事物作最大的利用。這個目標，對我們每個人都具有相當的重要性。

我們可以從哪些方面努力呢？

1. 重視衣著

有一次，一位擔任大學校長的心理學家向一大群大學生詢問，衣服對他們產生什麼影響。

結果，被詢問者幾乎一致表示，當他們穿戴整齊、全身上下一塵不染時，他們能清楚地知道自己穿得很整齊，而且也可以感覺得到，這表明衣服會對他們本人產生某種影響。這種影響雖然很難解釋，但十分明確，十分真實——得體的衣服會使他們增加信心，使他們的自信心大增並使他們的自尊心有了很大提高。他們發現，當他們的外表顯得很自信時，他們的思想也比較敏捷，他們的表達也更容易順暢。這就是衣著對本人產生的影響。

演說者的衣著會對聽眾產生什麼影響呢？卡內基曾注意到，如果演說者是位不修邊幅的男士，穿著寬鬆的褲子、變形的外衣和鞋子，筆露在胸前口袋外面，煙斗或菸草把西裝的外側塞得凸了出來；如果演說者是一位女士，提著一個樣式醜陋的手提包，襯裙露在外面，聽眾對這樣的一位演說者根本就沒有信心，就如同演說者對自己的外表也沒有信心一般。

看了他或她那個蓬亂樣，聽眾豈不是也認爲，這位演說者的頭腦一定也是亂七八糟的，就如同他那蓬亂的頭髮、未經擦拭的皮鞋，或是脹得鼓鼓的手提包一樣。

格蘭特將軍對李將軍的敬佩的確很中肯。但卡內基認爲，李將軍能以整齊的風貌出現於戰敗儀式上，何嘗不是他的個性使然。

2. 重視態度

中國有句諺語叫「和氣生財」。在聽眾面前展露笑容，豈不是與在櫃檯後面的笑容一樣受人歡迎嗎？卡內基曾說，有位學生參加了由魯克林商會主辦的演講訓練班。他出現在觀眾面前時，全身都散發出一股氣息，彷彿在向台下的人表明他很高興能來到這兒，他很喜歡他即將進行的演說工作。

他總是面帶微笑，而且顯得十分樂意地面對著他的聽眾。很快地，他的這種情緒很快感染了台下的每一位聽眾，他們立即覺得他十分親切，而對他大表歡迎。

與之形成鮮明對照的是，卡內基也經常看到演說者以一種冷漠、做作的姿態走上講臺，彷彿他們很不喜歡發表這次演說。要是演講完了，他定要感謝上帝一番。我們這些當觀眾的，很快就會產生相同的感覺——這種態度是有感染力的。

奧佛．斯特里特教授在《有影響力的人類行爲》一書中寫道：

「喜歡產生喜歡。如果我們對我們的聽眾有興趣，聽眾也會對我們產生興趣。如果我們不喜歡台下的聽眾，他們不管在外表或內心，也會對我們表示厭惡。如果我們表現得很膽怯而且慌亂，他們也會對我們缺乏信心。如果我們表現得很無賴，而且只會吹牛，聽眾們也會表現出自我保護的自大。經常的，我們甚至尚未開口說話，聽眾就已評定我們的好或壞了。因此，我有充分的理由指出，我們必須事先確信我們的態度一定會引起聽眾的熱烈反應。」

3. 保持最佳姿態

演說者在演說之前，不要坐著面對聽眾，而應以嶄新的姿態到達會場，這樣不是比聽眾在他還沒有演說之前就看到他的舊形象更好一點嗎？

但是，如果我們必須先坐下來，我們就要十分注意我們的坐姿。你一定看過別人四處張望找空座位的情形吧，那是否很像一頭獵犬在找一處可以讓牠躺下來過夜的地方？——他們先是到處張望著，當他們真的找到一張椅子時，就跑上前去，然後就像放置一個大沙袋一樣，把自己的身體猛地坐在椅子上。

懂得「入座」藝術的人就不這樣，他一般先用腳背碰一下椅子，然後使頭部到臀部輕鬆地保持直立的姿勢，緩緩坐下去。

還有，千萬注意切勿把玩你的衣服或首飾，因爲這樣做會分散聽眾對你的注意力。不僅如此，這樣做還會給人一種懦弱而缺乏自我控制的印象。任何不能增加你的演說分量的動作都會減少聽眾對你的注意力。在演講會場，任何動作都會吸引聽眾的注意力。因此，當你站立時，必須保持靜止的姿態站立，這樣就會使你在聽眾心裏產生泰然自若的感覺。

當你準備站起向聽眾發表演說時，不要急於開口——這是業餘演說家的通病。你應先深深吸一口氣，望著你的聽眾約一分鐘，如果聽眾席上還有嘈雜或騷動，停下來，直到一切平靜爲止。

挺起你的胸膛。這種姿勢有助於你自信的表達，讓聽眾從你這兒感受到一種力量。你的雙手應該如何擺放呢？忘掉它們吧。如果能夠將它們很自然地下垂於身體兩側，那是最理想的。如果你感到它們就像一大串香蕉似的，千萬不要以爲沒有人會去注意它們。

它們最好是輕鬆地下垂於你身體的兩側，這樣才不會引起人們的注意。即使是最吹毛求疵的人也無法批評你的這種姿勢。當然，如果需要，你還可以自然地打出各種強調性的手勢。

許多年以前，卡內基聽過著名的吉普西．史密斯的傳道。他的演說曾使好幾千人信了耶穌，卡內基對他的精彩演說極爲佩服。他也使用手勢——而且用得相當多——但不致令人覺得有任何不自然的地方。

這才是最理想的方式。只要你能練習及運用這些原則，你將發現，你自己也是以這樣的方式做手勢的。卡內基認爲，他無法替你舉出任何姿勢的法則，因爲一切決定於演說者的氣質，決定於他準備的情形，他的熱誠，他的個性，演說者的主題，聽眾，以及會場的情況。

每個人都有自己的個性，它散逸於衣著、態度、姿態之中。要想在人際交往中立於不敗之地，你只有加強個性的修養，讓個性展現出魅力。

6 專注的聆聽

我們應該聆聽別人的最佳理由起碼有兩個。第一，只有憑藉聆聽，你才能學習他人的長處；其次，別人只對聽他說話的人有反應。

既然理由如此充分明顯，還有人偏要擺出毫無興趣的態度豈非愚蠢！可惜，我們大部分的人都是這樣做的。

當然，我們都知道聆聽的重要並非只有專業記者才用得著。只要有意跟別人溝通，任何人、任何時間、任何地點都需要聆聽。

溝通的各項能力中，最重要的莫過於聆聽的能力。高談闊論的能力、強而有力的聲音、精通多國語言甚至寫作的才能都不比聆聽來得重要。

有效的溝通從真正的聆聽開始。而擅長於聆聽的人其實少之又少，但成功的領導人卻都是那些真正領略聆聽價值的人。

位於南美洲智利的李弗公司，負責許多產品在南美的經銷，包括規模很大的派索登牙膏廠。該公司的負責人格羅喬・馬基托有一次欣然接受了一位作業員的建議，因為覺得他的建議實在很有道理。起因是他發現生產流程常因鋼槽需要清洗而中斷。

他回憶道：「我們只有一個鋼槽，有一位作業員建議我們應該安裝第二槽。清洗第一槽時，我們可以用第二槽，這樣就再也不必因為清洗而中途停頓。這邊加裝一個螺閂，那邊加裝一個槽，幫我們節省了百分之七十的轉換時間，效率也因此提高了。」

無獨有偶，馬基托得到的第二個有關生產牙膏的點子，也是從聆聽工人的意見中誕生的，並且也同樣重要。

多年來，工廠一直在牙膏輸送帶下裝設極精密昂貴的機器，它的功能是為確定每個牙膏紙盒中均裝入了一管牙膏。不過，這具高科技的機器不太好用。馬基托說：「我們有時候還是把空紙盒封了起來送出去。」

「那位作業員的意見是把這些昂貴的機器換掉，只要在輸送帶旁裝一具小型的空氣噴射器。把氣壓設定好，一旦噴到空盒上，就足以把空紙盒吹到輸送帶之外。」

聆聽者雖然不開口說話，但其實聰明的聆聽者往往積極地參與對話。當然這不容易做到。第一點，就是要全心全意，而且要真心投入，還要能問問題，鼓勵對方多談。其中包括有反應、機智、周到、不離題、簡潔等特點。

要表示積極參與談話的方式很多，絕不需要動不動就插嘴。方式雖然很多，但我們用不著招招精通。擅於聆聽的人通常只用幾種輕鬆自然的方式，重點是要有效。

這些方式包括偶爾點點頭，回應一兩聲。有些人會換個姿勢或俯身向前。恰當的時候微笑一下或搖搖頭。目光的交流最能顯示你是一位好的談話夥伴，因爲他表示：「我非常認真地在聽你說什麼。」

談話中途停頓時，可以提出相關的問題，再讓他發揮下去。

重要的並不是你到底應該採取哪一種聆聽技巧，因爲這絕不是一件機械化或一成不變的事。這些只是當你感覺不錯時可以用的幾個方式，它們會使跟你談話的人變得更快樂。

艾默·惠勒二十幾年前寫過一本有關銷售的著作《心動銷售術》，書中就提出了與此相似的想法：「好的聆聽者總是傾身向前，他對你說的每個字都專心專意。他把『心』放在你身上，在正確的時刻點頭或微笑。他的聆聽使得雙方距離接近了。」

惠勒認爲這絕不是只有搞業務的人才需要具備的能力。他寫道：「要得到社交與生意上的成就，這是值得採取的一條原則。」

SGS湯普生微電公司的人力資源副總裁比爾·馬卡希拉就說：「真正懂得聆聽的人常是會問問題並靜待回覆的人，這跟那些跑來丟下解決辦法的人完全不同。只有當員工相信你不會直接驟下決定時，真正的聆聽才可能發生。」

馬卡希拉感到這個觀念非常重要，於是他爲工廠領班們開創了一種新項目——積極聆聽獎。爲判斷是否積極聆聽，他設計了一種三題式的測試：

1. 你是否提出問題，並等待答覆？
2. 你回答問題是否快速直接？
3. 別人是否能感受到你的積極聆聽？

內布拉斯加州奧瑪哈市的一位壽險市場專員克里斯・康威是一位單親父親，獨力扶養兩個小男孩。他由大兒子處學會如何真正傾聽。

康威說：「丹尼加入了一個青少年團體，約有十五個人，每週與一對夫婦聚會談論時事，以及年輕人對那件事的看法。那對夫婦發揮了引發談話的功能。我問丹尼他覺得參加這個團體感想如何。」

「丹尼的態度非常熱烈，他說因為團體領導人對年輕人所說的話聽得非常專注，他敢說他們是真心地關切這個團體。」

他父親說：「丹尼，我也聽你說話啊！」

丹尼說：「爸，我知道！可是你忙著做飯、洗碗，手上總是有事。你總會說好或是不好，或是『我想想』。你根本沒有聽我說話。他們那些人可不一樣，他們臉對著我，眼睛看著我，托著腮專心一致地聽我說話。」

接下去的兩個禮拜，克里斯．康威用心聽他兩個兒子講話。「我在他們的盤子上堆滿食物，但我自己只吃了幾根蔬菜。他們任何人開始說話，我就放下叉子，面對他仔細地聽。結果是我的體重減輕了十五鎊，而晚餐時間也由平均八分鐘延長到四十二分鐘。」

不變的真理是。人人都喜歡有人聽他說話。在工作場合固然如此，在家庭中也是一樣。對任何人都是永遠有效的。

卡內基認為，「增強影響力的秘訣不在表達，而在聆聽。大部分的人花費太多時間高談闊論想要說服他人。其實，不如讓他們自己說出來。畢竟，他才是最瞭解自己的事業或問題的人。因此，多問問題。聽聽他們怎麼說。」

如果你不贊同他，你可能會很想打斷他的談話。不過，最好還是不要這樣冒險。如果他們心中還有很多意欲一吐爲快的事，他們多半也不會注意你的。」

擅於聆聽的人，說服力最強，因而得到很多的支持，你何不保持開放地耐心聆聽，真誠地鼓勵他們淋漓盡致地表達他們的想法呢！

「附錄二
幸福家庭的七大要素」

1 不要吹毛求疵

拿破崙三世的妻子瑪麗・尤琴妮是個絕世的美人，拿破崙三世就是因爲她的美貌才選她做皇后。但是身旁的人因爲尤琴妮只是西班牙的落沒貴族而紛紛表示反對。儘管如此，已被尤琴妮的優雅、青春、美色迷得神魂顛倒的拿破崙，根本沒把旁人的反對聽進去。

拿破崙三世夫妻擁有了財富、權力、名譽、以及偉大的愛情。像這樣的幸福，確實人間少有。但不幸的很，曾幾何時，神聖的愛情失去了它的光輝，剩下的只是一堆愛情餘燼。成了皇后的尤琴妮，其喋喋不休，並非拿破崙愛情的力量或國王的權威所能制止的。

滿懷嫉妒和猜疑的尤琴妮毫不理睬拿破崙所說的話，甚至闖入他的辦公室，阻擾重要國政的討論。她使出了渾身解術，寸步不離地監視著拿破崙。還常常跑去姐姐那兒哭訴拿破崙的不是，哭鬧不斷，有時還強行進入丈夫的書房，惡言相向。因此，雖然拿破崙是這豪華宮廷的主人，卻找不到一方容他休憩的空間。

尤琴妮這樣苛責她的丈夫到底得到了什麼呢？不過是把這份原本美好的愛情逼得窒息，而導致一齣悲劇罷了。

俄國大文豪托爾斯泰的夫人，臨終時把女兒們叫到床前，向她們懺悔：「妳們父親的死，全是因爲我的緣故。」

女兒們聽了之後，什麼也沒說。她們心裡很明白母親說的是千真萬確的：她們的母親用喋喋不休和吹毛求疵害死她們的父親。

托爾斯泰夫婦理應很幸福的。托氏是以《戰爭與和平》和《安娜．卡列妮娜》等不朽著作而舉世聞名的大文豪。托爾斯泰的仰慕者，早晚都纏著他，想從他口中記錄下一些事情，以至到了他要睡覺休息才肯罷休。

托爾斯泰夫婦很滿足他們的財富及社會地位和可愛的孩子。由於太過幸福，反而覺得不安，夫妻倆常常祈求上帝能讓他們現有的幸福持續到永遠。

不幸的，事情卻有了意外。托爾斯泰的態度開始轉變，終於變成了另一個人。他開始覺得寫書是一種可恥的事，他祈求和平，爲了消弭戰爭及貧窮，不斷地寫出小冊子。

托爾斯泰開始信奉基督教。他把自己僅有的財產全部送給別人，開始過著貧窮的日子。整天不斷地工作著，砍樹、割草。他也穿自己做的鞋子，並且自己打掃房子，用木頭做的碗吃飯，並遵守基督教教義，努力去愛他的仇人。

托爾斯泰的生涯是一個悲劇。歸咎其原因，主要是因爲他輕視他的妻子愛慕虛榮。她奢侈、渴求名譽和讚賞，一味憧憬浮華。但是，相反的，托爾斯泰卻正痛恨那些，並把它們視爲罪惡。

她爲了他宣布放棄版權而哭鬧不斷、日夜不停地譴責他，托爾斯泰因此舊病發作，差一點死掉。

一九一〇年十月的某一個雪夜，八十二歲的托爾斯泰因無法忍受家庭的不和而離家出走，十一天後，就在一個小車站發現托爾斯泰的屍體。臨死前的願望是「絕對不要再見到太太。」（**編按：托爾斯泰死於肺炎**）。

由於托爾斯泰夫人的吹毛求疵與喋喋不休，終於導致這樣的悲劇。

就托爾斯泰夫人而言，她埋怨的理由似乎非常充分，但問題在於她說得過多，而最後她到底得到了什麼？

亞伯拉罕．林肯的婚姻也是一齣悲劇。他被刺殺的痛楚，遠不及婚姻的傷痛。嘮叨了四分之一個世紀，困疲了他的一生。她老是對林肯嘮叨個不停，把林肯說得一無是處。

林肯和他的夫人幾乎是兩極。氣質、興趣、想法，無一相同。研究林肯最權威的上議員畢佛烈斯說：「林肯夫人罵人的聲音高而尖銳，隔一條街都聽得到。有時甚至有粗暴的動作。」

林肯夫婦除了新婚期間，都住在傑克普．安莉的家。安莉夫人是已故某醫生的夫人，因迫於經濟而把房子分租。某一天早晨，林肯夫婦在餐廳裡吃早餐，林肯夫人發了很大的脾氣（**直到現在還沒有人知道她當時發脾氣的原因**），只知當時她怒氣沖天的把熱咖啡潑在林肯的臉上。她竟當著其他人的面前做出這種事。

安莉夫人跑來後，趕緊拿毛巾幫林肯擦臉及衣服，林肯就這樣一句話也沒說，默默的忍下了這樣的恥辱。

像林肯夫人這樣嚴重的嫉妒的確少見。同情她的唯一理由是因爲她天生性格上的缺陷。

像這樣大發雷霆是否改變了林肯呢？

事實上的確是——林肯對她的態度改變了。

他很後悔這樁不幸的婚姻，儘量避免和她碰面。

春田市包括林肯在內共有十一個律師。他們巡迴到各地法庭，順道訪問了第八司法區的各城鎭法庭。別的律師一到禮拜六，就會回到春田市和家人共度快樂的週末，只有林肯和大家不一樣。他很怕回家，春天三個月和秋天三個月的巡迴法庭，他始終寧願滯留他鄉而絕不走近春田市。

他年年如此，在鄉下木造房子裡過日子雖苦，他寧願住在那裡，也不想回家去看他太太的無理取鬧。

林肯夫人、尤琴妮皇后、托爾斯泰夫人吵鬧不休的結果，只有爲她們的婚姻帶來了不幸，爲她們的一生抹上了陰影。

在紐約的家務關係法庭工作了十一年的韓巴卡，調查數千件的離婚訴訟案子，發現丈夫離家出走的主要原因，都是因為妻子太嘮叨。

《波士頓郵報》報導——

「世界上的妻子，都是用嘮叨來挖掘她們婚姻的墳墓。」

創造幸福家庭的原則之一——

不要吹毛求疵、嘮嘮叨叨。

2 肯定對方

「我這一生也許做了很多傻事，但我絕不光為愛情而結婚。」——狄斯雷里（英國政治家）如是說。

而他果然不曾違背。一直到三十五歲都還是單身，後來才向一個有錢的寡婦求婚——一位大他十五歲的婦人，頭上都已經有白髮的五十歲女人。當然，他們並無愛情。她也知道狄斯雷里是為了錢上才追求她的。但是她有一個條件，請他給她一年的時間來了解他的性格，過了一年，她也按照承諾和他結婚。這個結果卻非常美滿，他們倆過著幸福快樂的婚姻生活。

狄斯雷里選的這位有錢寡婦，既不年輕也不貌美，更不是聰慧過人。她沒什麼文學或歷史知識，甚至不知道希臘時代和羅馬時代哪個在前面，對服裝和室內設計也沒有概念。但他們的婚姻很成功，因爲她很懂得如何對待男人。

狄斯雷里應酬完後疲憊的回到家時，她總輕聲細語地對他說話，撫慰他。對狄斯雷里來講，家是他心靈的休憩所。他覺得與妻子一起度過的生活是那麼地快樂、幸福。她幫助他，有如他的朋友，更是他的當然顧問。每次發生什麼事，他都很想趕緊告訴他太太，所以每當會議結束後，他就急著要回家把一日的新聞報告給她聽。而她對他的努力給予完全的肯定。

她有三十年只是爲了狄斯雷里而活，她的財富也是因爲他才有價值。因此，對狄斯雷里而言，她是非常重要的。她死了以後，狄斯雷里變成了伯爵。當狄斯雷里還是個平民的時候，他就向女王提出要求，希望能讓他的妻子成爲貴族。

不管她在人前怎樣鬧出笑話，狄斯雷里也不會責罵她。如果有人說他的太太怎樣，他就馬上爲她辯護。她絕對不是一個非常完美的妻子，但是狄斯雷里對於他們三十年的婚姻，一點也不厭倦。

狄斯雷里在人前也說過他太太比他自己的生命還重要。他還常對他的朋友說：「她對我很好、很溫柔，我這一生實在太幸福了。」

他們倆常這樣開玩笑——

「我和妳在一起是爲了財產。」

「哦！但假如重新來過、而這次你是爲了愛情而結婚的話，我相信你還是會選擇我的。」

狄斯雷里也承認了他太太所說的。

說實在的，她絕不是一個盡善盡美的妻子，但狄斯雷里卻知道把握她的優點。

創造幸福家庭的原則之二——

不可強行改造你的伴侶。

3 一顆包容的心

對狄斯雷里而言，他最棘手的政敵是葛萊史東，他倆常爲政務發生激烈的衝突。但是他們有一個共同的特點，就是都有一個幸福美滿的家庭。

威廉·葛萊史東與他的妻子已經一起生活了五十九年。最具威嚴的英國首相葛萊史東拉著他太太的手在爐邊邊唱邊跳舞的樣子，常在我腦海中浮現。

雖然葛萊史東在公眾場合裡是位雄辯可怕的勁敵，但一回到家裡絕不批評任何人。當葛萊史東下樓吃早餐時，如果發現家人還在睡覺，他就會以一種很和藹的方式宣告。他的方法是大聲唱歌，這樣他的家人就知道現在全英國最忙碌的男士，正在樓下等家人一起吃飯了。

蘇俄的凱瑟琳女皇也是如此。她統治了世界上最大的帝國，掌握千萬臣民的生殺大權。在政治她是個暴君，濫興無益之戰，殘殺仇敵。但當她的廚師把肉烤焦時，她會微笑地不發半點牢騷的把肉吃下去，這一點是世上爲人丈夫者所應該好好效法的。

研究婚姻問題的權威多羅茜·狄克斯說：「世上的婚姻有百分之五十是失敗的。新婚時的美夢破碎，多由於使人心碎的批評。」

創造幸福家庭的原則之三——
一顆包容的心。

4 常常誇獎對方

洛杉磯家庭研究所所長波魯·巴皮諾博士說——「男士在找尋妻子時，不是尋求博學多才的，而是尋求一個具誘惑力，並情願奉承他們虛榮心，滿足他們優越感的女人。當一個經理級的女強人被男人請吃飯時，很可能把她在大學裡所熟記的當代哲學源流搬出來談，甚至堅持自己付帳。結果，以後她只好單獨去飯館了。反之，未進大學的打字員被邀午餐時，仰慕著她的男伴說：『請多告訴我有關妳的事。』結果，他將對他的朋友說：『她雖然不是十分美麗，卻是個很會說話的體貼女子。』」

男士應該對女士美化自己的努力讚美一下。女性對服裝總是相當的關心，但男士們似乎都忘了。比方一對男女在街角遇到另一對男女，女的很少會去看對面的男子，而是看對面女子是如何的裝扮。

我祖母去年以九十八歲高齡去世。死前不久，我拿她三十年前所照的相片給她看。她因年老眼花，便問我：「那時我身上穿的是什麼衣裳？」都已經年近百歲的老祖母，還是很在意她三十年前的裝扮。

換成男士，可能連自己五年前穿的衣服和內衣都想不起來，甚至根本不會去想。但女士就不一樣了。男子應該認識此點。

法國上流社會的男孩，須受訓如何讚美女子的衣帽，在宴會中不但要稱讚女子一次，而且還須一而再、再而三地讚美對方。這是何其賢明啊！

前幾天某雜誌登了艾迪・卡達的一段話——

「我能有今天，完全是因爲我的太太。她總是在我的身邊隨時扶助我。

婚後她為了我省下每一塊錢，並作投資。上天並賜給我五個可愛的孩子，她苦心創造家庭的幸福，所以我們家一直都很和樂。今後我如果有什麼成功，也都是因為她。」

在好萊塢，結婚就好像賭博一樣，相當冒險。其中，巴克斯達的婚姻卻是少數成功的例子之一。他的夫人在婚前是個女演員，她為了和他結婚，告別了銀色浪漫的舞台生涯。她的犧牲雖然很大，但卻也有了回報。

巴克斯達說了這段話，值得讓人深省——

「她失去了在舞台上接受喝采的機會；但她經常接受我的喝采。如果問丈夫能給妻子什麼幸福，那就是讚賞和熱愛。如果那讚賞和熱愛是真誠的，那等於也是丈夫的幸福。」

創造幸福家庭的原則之四——

常常誇獎對方。

5 不要吝於獻殷勤

自古以來，花卉就被認為是愛的符號。花並不是一種很貴的東西，尤其在盛產季節更是便宜。無論街頭巷尾都有出售。但一般丈夫卻很少會捧一束水仙回家。他們覺得花是像蘭花一樣的貴呢？還是認為花像阿爾卑斯山危巖峭壁上的小白花那麼難找呢？

丈夫大概只會在太太住院時送她幾朵花吧！

喬治·柯安是百老匯的大忙人，他每天都要打兩通電話回家給他老母。他並不是有什麼重要的話要說，而只是想表示他的關懷，他想讓對方了解他的心意。

「她」很重視生日或某紀念日，但是「他」卻不知道。平常他雖會忘記很多節日，但是有一些日子他是不可不記的，例如，一四九二年（**哥倫布發現新大陸**）、一七七六年（**美國獨立宣言**）、妻子的生日和他們結婚的年月日。假如不能全記，忘掉前兩個倒還無妨，但後兩個卻是馬虎不得。

處理過四萬件離婚訴訟，成功的調解了二千對夫婦的沙巴斯法官說——

「家庭的不和絕大多數是由於一些細微的事故。如果在丈夫出門上班時，妻子在門口揮手道別，雖是小事，卻可以免去許多離婚的悲劇。」

羅伯特·布朗寧（一九一二—八九，英國詩人）和莉莎·貝絲·布朗寧的婚姻生活非常美滿。他覺得丈夫有時應該說些讚美的話或多給太太一些關心，這樣可以使愛情永存。他病弱的妻子在與她姊妹的通信中有一段是這樣的——

「我最近開始覺得——我好像真的像丈夫所說的變成了天使。」

太多的男人低估了這些細微的關懷的價值。事實上婚姻的幸福，是不斷的關心累積而成的。就是因爲有許多夫妻沒有注意到這個事實，所以斷送了自己幸福的婚姻生活。

有名的雷諾城的離婚法庭，通過合法離婚手續的美國夫婦佔了一成以上。在這城裡，真的到了非離婚不可的佔非常少的比例，他們離婚的最主要因素是吝於付出些許的殷勤。

創造幸福家庭的原則之五——
不要吝於獻殷勤。

6 遵守該有的禮貌

達姆羅吉和曾經出馬競選總統的雄辯家勃雷的女兒結婚。幾十年前兩人在愛爾卡尼基家相識後，共築了屬於他們幸福而美滿的家庭。現在我們就來聽聽夫人的秘訣——

「選擇配偶是相當重要的。另外，婚後的禮貌也要注意。年輕的主婦對不認識的人有禮貌，對丈夫也應該有禮。每一個男人都想逃避潑婦的長舌。」

無禮是破壞愛情的癌。人人都知道這一點，可是我們對待不認識的人比對待家裡的人有禮貌。我們不會偷偷打開朋友的信一窺其中秘密，但卻常常對我們最親近的家人失禮。

狄克斯女士說：「這是件令人驚訝的事，平常對我們凌辱，說些傷感情話的，正都是我們自己的家人。」

禮貌是婚姻生活的潤滑劑。

《早餐桌上的獨裁者》的作者自歐利亞．荷姆斯在他的家庭裡絕不是一個獨裁者。他不論自己心情多麼惡劣，也要把憂愁的臉隱藏起來，他覺得不愉快是自己的事，不應該影響別人。

這是歐利亞．荷姆斯的作法，而我們又是怎樣的呢？在公司被上司罵了，或公事進行得不順利，回到家對家人發洩怒氣。

荷蘭的風俗是在進人屋子前，把鞋脫在門外。據說是把當天工作上的煩惱，也在脫鞋時脫去之意。

威廉．詹姆斯在他的論文《關於人的盲目》中提到——

「在這裡我所說的人的盲目，是指我們全都有對自己以外的動物和人無感覺的傾向。」

男人對顧客或同事絕不會說半點粗暴的話，但對自己的太太卻大吼大叫。

事實上，真正的幸福，應該是婚姻生活比工作重要。獲得美滿婚姻的普通人，遠比孤獨生活的天才要來得幸福。蘇俄的大文豪屠格涅夫說：「如果有個爲我準備晚餐，等待著我的女郎，即使拋棄我全部的才能，我也無悔。」

世上有多少人獲得婚姻的幸福呢？狄克斯說世上的婚姻有一半以上是失敗的。而波魯・巴皮諾博士的說法則不一樣，他說：「事業比婚姻的成功率低。事業有百分之七十是失敗的，但是婚姻有百分之七十是成功的。」

狄克斯女士就有關婚姻的問題，做了以下的結論——

和婚姻相比，出生只不過是人生的一個小插曲；死也只不過是微不足道的事情。

女性永遠無法了解，爲什麼男人只是把精力投注在事業上，卻不願分一點給家庭。事實上，與其擁有百萬財富，不如擁有賢慧的妻子及幸福美滿的家庭。但世上很少有男人願意認真的致力於幸福美滿的家庭。女人真的無法了解：好的態度往往比強壓的態度來得有效，而男人爲何總是選擇強壓的態度。

凡是男人都知道他可使妻子快樂得去做任何事。他們知道只要給妻子一點恭維，妻子就會很滿足。一件舊式的衣服，你也告訴她那很適合她，她就不會去買最時髦的巴黎舶來品了。很多男人都知道，他可以吻他太太的雙目，直到她一如盲目似的；可以熱烈的吻她的雙唇，直到她說不出話來。

丈夫對妻子所想的事都很清楚。妻子應該告訴丈夫讓自己快樂的方法。可是丈夫如果不用那個方法，等到吵架時，也不會說些安撫的話，妻子當然會生氣。

創造幸福家庭的原則之六——

遵守該有的禮貌。

7 協調的性愛關係

社會衛生局長凱莎琳·戴維斯女士，有一次對一千名已婚婦女，做了關於婚姻生活的問卷調查，令人意外的，其中竟有很多對性生活不滿的。按照這項調查，凱莎琳·戴維斯女士認爲美國離婚的主因是因爲性生活的不協調。

漢彌頓博士的調查也證明了這個論點。漢彌頓博士用四年的時間，對數百個男女做關於婚姻生活的調查。博士和他們做個別的面談，提出很多問題，徹底的檢討了他們的婚姻生活。

這個調查，因爲具有重要的社會意義，所以有很多慈善家都出錢幫忙。漢彌頓博士和馬克卡安博士合著的《婚姻的障礙》，詳細的記載了調查的結果。

關於婚姻的障礙，漢彌頓博士說——

「精神醫學家高唱性生活的不協調，並不是家庭不和的主要原因，這真是謬論。性生活如果協調的話，大概其他的小摩擦也不成問題了。」

波魯．巴皮諾博士是家庭生活的權威，根據他的說法，婚姻的失敗通常是因爲下列四個因素。依序如下——

1. 性生活的不協調。
2. 對於空閒時間的利用，意見不同。
3. 經濟的困難。
4. 身心的異常。

值得注意的是：「性的問題」佔第一位，而「金錢問題」竟佔第三位，的確令人大感意外。

離婚問題的權威們，紛紛異口同聲的說，性生活的協調是確保婚姻生活的要素。辛辛那堤的家務法庭處理了數千件離婚訴訟的赫夫曼法官說：「離婚的原因，十之八九都是因爲性的難題。」

有名的心理學家瓊．華德也說：「性是人生最重要的問題，它能夠左右人一生的幸福。」

很多參加我訓練班的實習醫生們，也都有相同的意見。在教育文化發達的二十世紀，由於對這個自然本能的無知，而破壞了幸福的婚姻生活，真是非常可惜。

歐利哈．巴達費魯神父捨棄了十八年的牧師生涯，當起紐約家庭中心的所長。他說：「根據我的經驗，結婚典禮上的新郎新娘，心中燃著熾熱的愛情火花，但卻有很多人並不知道結婚的真義。很多人並不知道婚姻中，性生活的協調並不是一件容易的事。這個國家離婚率之高已經是驚人的事實了。很多夫妻並不是過著真正的婚姻生活，只不過是沒有離婚而已。對他們而言，真是活受罪。」

「幸福的婚姻生活，必須慎重計劃，像建築師一樣。」

巴達費魯神父和他曾爲她們主持過婚禮的新娘們交談，才發現原來有這麼多人對「性」是很無知的。

他又說：「使婚姻生活幸福的要素很多，性的問題只不過是其中的一個。但如果性生活不協調，其他一切的努力都是徒然。」

那麼，要如何才能獲得正確的性知識？

他說：「感情的緘默必須代以客觀的討論能力，與結婚生活的實驗態度，而獲得這種能力的最好方法就是；根據一冊學理精確趣味高尚的書籍。」

創造幸福家庭的原則之七——

協調的性愛關係。

相　關　閱　讀

卡內基 人性揭密教典

文/ 舒丹、楊菁、王蕾
定價240元

卡內基的著作，是人類史上僅次於聖經排名的暢銷書！
他是開發人類潛能的大師；他是克服人性弱點的智者。
他的成功理論影響上億人，為無數人創造出生命奇蹟！

完整闡明人性的弱點　巧妙利用職場的形構　順勢成就卓越的自我
「幸福並不是依靠外在的世界，而是依靠內在的思想。」
本書以卡內基的智慧金言引路，以成功者人生經驗作詮釋，幫助人們充分釋放自身的潛在能量，正確面對人生的挑戰，從而改變現狀，創造出一個嶄新的自我。

卡內基 人生致勝教典

文/ 舒丹、楊菁、王蕾
定價240元

美國總統與時代周刊都認證說讚的不敗經典！！

為什麼卡內基想的和別人不一樣？大師級的人生致勝教典有何不同？不只洞悉人性，更要戰勝自我，發掘未知潛能。讓卡內基成為改變你人生軌跡的理想之燈，指引你找到自己的亮點與致勝之法。
本書以卡內基的智慧金言引路，以成功者的人生經驗作詮釋，告訴你人生應該持怎樣的態度，在生活中我們應該如何智慧處世，如何依靠自我走出人生的低谷，幫助廣大讀者釋放自身的潛在能量，正確面對人生的挑戰，從而改變現狀，創造出一個嶄新的自我，一個快樂的人生。

哈佛最經典的12堂EQ課 一萬個微笑的理由

如果你有一千個哭泣的理由，那你更要找出一萬個微笑的理由！
哈佛學子傲人的成就，皆來自完善的EQ培養

迄今為止，哈佛大學培養了8位美國總統、34位諾貝爾獎獲得者和32位普利茲獎獲得者。他們成功的秘訣何在？許多人認為成功取決於智商，但是，有太多智商超群的人都遭遇慘敗，太多從小就擁有「神童」之稱的最終卻「泯然眾人矣」。大量的研究證實，一個人的成功，20%來自智商，80%來自非智力因素，這裡的非智力因素就是指EQ。沒錯，哈佛最注重的就是培養學生的EQ。

文/ 尚芳子　定價280元

哈佛的幸福魔法 哈佛最受歡迎的課程

你不一定上得了哈佛，卻可以念哈佛最受歡迎的一堂課！

本書汲取哈佛大學「幸福課」的精華。以通俗的語言，將心理學的相關研究與人們的日常生活聯繫在一起，闡述了幸福的態度與幸福的思想。
※哈佛大學心理學碩士泰勒．本．沙哈爾主講的「積極心理學」近年來被選為哈佛最受歡迎的選修課，聽課人數超過了王牌課程「經濟學導論」。該課被師生們譽為「幸福課」，稱這門課程「改變了他們的人生」。當他們離開教室的時候，都「邁著春天一般的腳步」。幸福課在哈佛引起了前所未有的轟動，而泰勒也被譽為哈佛大學「最受歡迎的講師」和「人生導師」。

文/ 麥冬　定價280元

【經典新版】卡內基影響力的本質

作者： 戴爾・卡內基
發行人：陳曉林
出版所：風雲時代出版股份有限公司
地址：10576台北市民生東路五段178號7樓之3
電話：(02) 2756-0949
傳真：(02) 2765-3799
執行主編：朱墨菲
美術設計：吳宗潔
業務總監：張瑋鳳

初版日期：2023年4月 初版二刷
版權授權：翁天培
ISBN：978-986-352-714-5

風雲書網：http://www.eastbooks.com.tw
官方部落格：http://eastbooks.pixnet.net/blog
Facebook：http://www.facebook.com/h7560949
E-mail：h7560949@ms15.hinet.net
劃撥帳號：12043291
戶名：風雲時代出版股份有限公司

風雲發行所：33373桃園市龜山區公西村2鄰復興街304巷96號
電話：(03) 318-1378
傳真：(03) 318-1378
法律顧問：永然法律事務所 李永然律師
北辰著作權事務所 蕭雄淋律師

行政院新聞局局版台業字第3595號 營利事業統一編號22759935

定價 ：270元

國家圖書館出版品預行編目資料

【經典新版】影響力的本質 / 卡內基 著. -- 初版.
-- 臺北市：風雲時代，2019.05；公分 面； 公分

ISBN 978-986-352-714-5（平裝）

1.成功法 2.人際關係

177.2 108006760